苑利 顾军 主编 | 中国文化遗产保护北斗丛书

非物质文化遗产传承人
管理工作指导手册

苑利 顾军 著

学苑出版社

图书在版编目（CIP）数据

非物质文化遗产传承人管理工作指导手册 / 苑利，顾军著. — 北京：学苑出版社，2023.10
（中国文化遗产保护北斗丛书 / 苑利，顾军主编）
ISBN 978-7-5077-6810-7

Ⅰ.①非… Ⅱ.①苑… ②顾… Ⅲ.①非物质文化遗产—民间艺人—管理—手册 Ⅳ.①K825.7②G122-62

中国国家版本馆 CIP 数据核字（2023）第 214845 号

出 版 人：	洪文雄
责任编辑：	周　鼎
装帧设计：	黄　辉　齐立娟
剪纸创作：	任志国
出版发行：	学苑出版社
社　　址：	北京市丰台区南方庄2号院1号楼
邮政编码：	100079
网　　址：	www.book001.com
电子信箱：	xueyuanpress@163.com
联系电话：	010-67601101（营销部）　010-67603091（总编室）
印 刷 厂：	廊坊市印艺阁数字科技有限公司
开本尺寸：	787 mm × 1092 mm　1/32
印　　张：	5.25
字　　数：	96千字
版　　次：	2023年10月第1版
印　　次：	2023年10月第1次印刷
定　　价：	48.00元

这是一种智慧超群者,才华在身,技艺高超,担负着民间众生的文化生活和生活文化。黄土地上灿烂的文明集萃般地表现在他们身上,并靠着他们代代相传。有的一传数百年,有的延续上千年。这样,他们的身上就承载着大量的历史讯息。特别是这些传承人自觉而严格地恪守着文化传统的种种规范与程式,所以往往他们的一个姿态、一种腔调、一些手法直通着远古,常常使我们穿越时光,置身于这一文化古朴的源头里。所以,我们称民间文化为历史的"活化石"。

——冯骥才

总 序

据说，地球上共有动物150多万种，但从起源角度看，无论是有脊椎动物，还是无脊椎动物，它们的起源都远远早于人类。哪怕是一只鳄鱼，一只壁虎，一条蚯蚓。但令人不解的是，为什么在生物进化过程中，后起的人类居然能异军突起，并将那些早于自己的动物，远远地抛在自己的身后？原因很简单，小动物们活着靠的是本能，而人活着除了靠本能之外，还在于他们善于学习。不管经历与否，只要他们学到了相关知识，就能利用这些知识去解决面对的问题。当然，一个人的阅历毕竟有限，全靠自己的亲力亲为去获取知识并不现实。这就要求我们在多走多看、增加阅历的同时，多向别人学习，特别是向在5000年中华文明史上，创造出各种文明的祖先们学习，看看祖先们是怎么解决这类问题的。

祖先的经验传递通常会以以下三种方式进行：一种是以典籍的方式将知识与经验传递给我们，一种是以文物的形式将知识与经验传递给我们，最后一种是以口传心授的方式将知识与经验传递给我们,这便是我们通常所说的非物质文化遗产。既然祖先是以上述三种方式,将他们的知识与经验传递给我们的,我们在研究祖先智慧时,就应该打通壁垒,从文献、文物以及非物质文化遗产等多个层面与维度,对祖先遗产进行全方位解读与研究。

在各类遗产中,物质文化遗产似乎是最靠谱的存在。原因是它本身就是历史的一部分,通过它当然可以反观历史,反观祖先在历史上创造的各种文明。但只保护物质文化遗产尚远远不够,因为它很难回答这种文明是怎样创造出来的。与它相比,非物质文化遗产似乎更容易回答这个问题。原因在于,非物质文化遗产尽管不是秦砖汉瓦,但它是秦砖汉瓦的烧制技术;尽管它不是故宫长城,但它是故宫长城的建造技术。从表面上看,非物质文化遗产似乎只是活在当下的存在,但实际上它同样是历史的一部分。我们完全可以通过取今证古的方法,用它来解读历史上的各种文明。当然,对于中国这样一个具有3000多年文字使用史的民族来说,只保护好物质文化遗产与非物质文化遗产仍然不够,因为这些文物及文物制作技术背后的许多东西——如作者的设计理念等,通常都是通过文字记录下来的。所以,在对物质文化遗产与非物质文化遗产实施"成对儿"保护的同时,还应注意到对相关文献的保护与研究。正是出于这样一种理念,我们在设计这套丛书时,并没有将目光局限于我们擅长的非物质文化遗产自身，而是在关注非物质文化遗产的同时，也将目光投向了物质文化遗产和文献遗产，并期望通过这种全方位的关照，为祖先遗产的保护，找出更多规律性的东西。

苑 利
2022年9月

目 录

一、地位篇

一　为什么说在经济高速发展时都会关注传承人？　/ 003

二　一国文明的传承都包括哪几种模式？　/ 005

三　为什么说非遗传承人是中华文明的另类传承者？　/ 008

四　如何从中华文明的高度去评价非物质文化遗产传承人？　/ 010

五　传承人在民间文学活态传承方面到底做出了哪些贡献？　/ 011

六　传承人在传统表演艺术方面到底做出了哪些贡献？　/ 013

七　传承人在传统工艺美术方面到底做出了哪些贡献？　/ 015

八　传承人在传统工艺技术方面到底做出了哪些贡献？　/ 016

九　传承人在传统仪式方面到底做出了哪些贡献？　/ 018

十　传承人在传统节日方面到底做出了哪些贡献？　/ 020

十一　传承人在农业生产知识方面到底做出了哪些贡献？　/ 022

十二 为什么说传承人的活态传承更能代表中华文明的底色? / 023

十三 为什么说传承人更看重"活态传承"? / 025

十四 "活态传承"的短板和优势是什么? / 027

十五 传承人"活态传承"的主要贡献是什么? / 028

二、认定篇

一 为什么说选出优秀传承人非常重要? / 031

二 为什么说传承人所传是不是非遗是认定传承人的绝对标准? / 032

三 为什么说不参与活态传承者不能认定为传承人? / 034

四 为什么说不原汁原味传承者不能认定为传承人? / 036

五 为什么说不带徒弟不能认定为传承人? / 039

六 为什么说传承人必须具有一定的代表性、权威性与影响力? / 041

七 什么样的人才是理想中的传承人? / 044

三、责任篇

一 为什么说传承人的本职工作首先是传承? / 051

二 为什么说非遗可以为经济的高速发展提供不竭的资源? / 052

三　为什么说传承人是中华优秀基因的坚强捍卫者？ / 054

四　为什么说传承人是中华多元文明的坚强守卫者？ / 055

五　为什么说传承人的任务就是将一国优秀传统
　　继承下来？ / 056

六　为什么说"一辈子只做好一件事"是"工匠精神"
　　的具体体现？ / 058

七　为什么要重塑"工匠精神"？ / 060

八　为什么说"工匠精神"需要制度做支撑？ / 062

九　为什么说"工匠精神"需要信仰做支撑？ / 064

十　为什么说"工匠精神"需要用规矩做支撑？ / 066

十一　传统手艺人对于一个民族来说到底有多重要？ / 068

十二　历史上行业组织是怎样一步步发展起来的？ / 069

四、管理篇

一　为什么说保护传承人是保护非遗的最佳切入点？ / 073

二　非物质文化遗产传承人大致可分为几类？ / 075

三　为什么要对传承人实施分类管理？ / 077

四　对非遗传承人实施分类管理的客观依据是什么？ / 080

五　如何看待仪式类遗产传承人的选定？ / 082

六　为什么说传统庙会不是封建迷信？ / 084

七　为什么说保护庙会最简单的办法就是"还俗民间"？ / 086

八 如何理解非遗保护中的"移风易俗"？ / 087
九 为什么说非遗保护的第一步是辨伪？ / 089
十 到底什么叫"活态传承"？ / 090
十一 如何看待传承人的"创新"？ / 091
十二 为什么说保护非遗就是保护民族文化基因？ / 093
十三 为什么说保护非遗就是保护民族文化的多样性？ / 095
十四 为什么说传说故事也有重要的历史认识价值？ / 097

五、问题篇

一 将"现产"当"遗产"的后果是什么？ / 103
二 为什么说"非物质文化遗产"与"传统文化"不是一回事？ / 105
三 为什么说"传承"与"传播"是完全不同的两码事？ / 106
四 如何看待传承人的"创新"？ / 108
五 我们对传承人创新的冗余度到底有多大？ / 111
六 保护传承人容易出现哪些问题？ / 113
七 为什么说"民间事民间办"是保护非遗的最佳模式？ / 115
八 为什么说政府、官员、学者不能申报传承人？ / 116
九 为什么政府、学界、商界中的自然人或团体不能申报非遗传承人？ / 120

十　为什么传承人一定要客观地填写"传承谱系"？　／ 121

十一　为什么说传承人年轻化问题多多？　／ 122

十二　为什么不能为非物质文化遗产制定标准？　／ 124

十三　传承人到底能不能进行"商业化经营"？　／ 127

十四　为什么传承人不能进行"产业化开发"？　／ 129

十五　中国的"工匠精神"为什么会步入濒危？　／ 131

十六　为什么传承人过度年轻化会带来非常严重的后果？　／ 134

十七　我们的传承工作真的已经做得很好了吗？　／ 135

十八　为什么说传承人可以创新，但所创之"新"并不是非遗？　／ 137

十九　非物质文化遗产被一改再改的原因何在？　／ 138

二十　为什么说传承人不能以创新的名义向后代提供"假情报"？　／ 140

二十一　为什么说政府等非遗保护主体不能取代传承主体？　／ 142

二十二　为什么要让庙会"还俗"民间？　／ 144

二十三　传统节日仪式类遗产到底有没有传承人？　／ 146

二十四　博物馆式保护在非遗保护中到底占有什么位置？　／ 148

二十五　为什么说保护传承人是保护非物质文化遗产？　／ 151

二十六　为什么说非遗进校园无法取代原有的传承渠道？　／ 152

一、地位篇

一 为什么说在经济高速发展时都会关注传承人？

不知大家是否已经意识到了这样一个基本事实：无论是日本、韩国，还是后起之秀中国，这些国家的非物质文化遗产保护，基本上都是在经济高速发展期展开的。这看似无关紧要的巧合，实际上存在着历史的必然。究其原因不外有三：一是随着社会经济的高速发展，每天都要出产新产品，而新产品的产生仅靠我们冥思苦想的创新是很难完成的。这就要求我们向祖先学习，从祖先处汲取经验，汲取智慧，寻找答案。由此不难看出，非物质文化遗产之所以受到如此重视，显然与时代需要有着密切的关系。二是这个现象反过来又会提醒我们，非物质文化遗产的保护，不是仅仅为了认识历史，保护这笔遗产还有一个目的，这便是为当今的世界发展，提供不竭资源，否则，一个国家的传统文化很容易在经济高速发展过程中，因时代列车行驶过快而被甩出车外。于是，抢救、保护文化遗产，便成了这个时代的最强音，保护工作也随即展开。三是随着本国经济高速发展、外来文化疯狂涌入，人们也很容易因此而忘却自我，忘却本属于自己的那段历史，忘却本应熟记的那条"回家的路"。于是，一场名为"非物质文化遗产保护运动"的民族文化复兴运动由此拉开序幕。在这个过程中,非物质文化遗产的承载者——非物质文化遗产传承人,开始走进世人的视野,也因此而受到越来越多的礼遇。

二 一国文明的传承都包括哪几种模式？

在世界四大文明古国中，中国是唯一一个文化未曾断流的国家，这一方面是取决于它所传内容的丰富性，另一方面则是取决于它所传渠道的多样性。

中华文明的传承，主要是通过典籍、实物（文物）以及活态传承三种方式来进行的。所谓"典籍传承"，是指通过历史上撰写并留存至今的文献典籍将人类文明记录或传承下来的一种文化传承方式；所谓"实物传承"，是指通过保存至今的文物将人类文明记录或传承下来的一种文化传承方式；所谓"活态传承"，则是指通过师徒代代相授、口耳相传这种"活态传承"方式，将人类文明一代接一代地传承下来的文化传承方式。

在这三种传承方式中，通过典籍来传承一国文明，是中华文明的一大特点，也是中华文明的一大优势。这不仅仅是因为中国有着超过3000年的文字发明史，历史上史官、文人书写的诸多典籍，为典籍传承提供了方便。但典籍传承有它明显的短板——在官方治史传统的影响下，中国的绝大多数典籍，记载的都是官方史或代表官方主流意识的文人创作，而浩如烟海的民间文化反倒鲜有提及。譬如，经部中的《尚书》《周礼》《仪礼》《礼记》《周易》《论语》《孟子》等，代表的是中国儒家经典，在这里我们可以看到儒家经典，却很难看到普罗大众的思想精华；史部中的《史记》《汉书》《后汉书》《新唐书》《旧唐书》《宋史》等，代表的是中国官方历史，在这里我们可以看到帝王史、政治史、经济史、军事史，却很难看到与民间文化息息相关的纺织史、陶瓷史、刺绣史、农耕史、戏曲史、曲艺史；子部中的诸子百家及其学说，代表的是中国士大夫文化，在这里我们可以看到诸子百家的智慧沉积，却很难看到普通大众智慧的火花；集部中的诗文总集以及各种专集，代表的是中国文人的诗词文化，在这里我们可以看到卷帙浩繁的文人著述，却很难看到民间故事、民间歌谣、民间舞蹈、民间音乐等民间文化。总之，在中国典籍中，无论是经、史，还是子、集，它们记载的都是官方的历史和历朝历代的文人创作，而对民间文化，特别是与民间文化息息相关的民间文学、表演艺术、传统工艺美术、传统工艺技术、传统节日和传统仪式等这些被称之为"非物质文化遗产"的东西，鲜有关注。所以，要想通过文人撰写的典籍将非物质文化遗产一代代传承下去，几乎是不可能的。

通过实物（文物）来传承一国文明，是人类传承自身文明中的一次历史性跨越，这次跨越是伴随着考古学出现在国人视野中而实现的。1926年，中国考古学家李济先生对山西夏县西阴村新石器时代遗址的发掘，标志着中国考古学的诞生。考古学的进入为中国人认识自身历史、重现人类文明，开启了第二条渠道,打开了第二扇窗口。考古学成果告诉人们,通过古人制作或使用过的器物、生活过的遗址,同样可以帮助我们认识历史上祖先创造的灿烂辉煌的人类自身文明。但用考古学成果来认识人类自身文明同样存在着自己的短板:短板之一是存量有限的文物限制了我们认识人类自身文明的视野;短板之二是由考古恢复出来的人类自身文明具有一定的表面性,这便在一定程度上影响了我们认识人类文明的深度与广度。譬如,考古可以让我们看到实物的本身,却很难让我们由此推测出该器物的制作工艺及其原有流程,这便在一定程度上影响了我们对该器物工艺的理解与传承。

总之,要想通过典籍与实物(文物)来传承一国文明,特别是传承那些技术含量更高、工艺流程更复杂、内容更烦琐的人类文明,事实上是很难的。

那么,历史上每遇这样的问题,我们的先人又是如何解决的呢?现实经验告诉我们,他们更喜欢采取一种更为简单也更为有效的方式——通过师徒相授、口耳相传的方式,来实现这类高难度文明的传承。我们把这种靠师傅带徒弟、手把手教授的传承方式简称为"活态传承"。在中华文明传承过程中,凡是通过典籍或实物无法传承的部分,基本上都是通过传承人口传心授的方式实现代际传承的。所以我们说,传承人的"活态传承",是中华文明传承的一种重要而独特的手段与方式,应该引起我们的高度重视。

三 为什么说非遗传承人是中华文明的另类传承者？

一国文明的传承通常需要通过以下三条渠道实现，它们分别是：典籍传承、实物（文物）传承和活态传承。在传统社会中，学者关注最多的是典籍传承与实物传承，很少会注意到通过传承人的身体所进行的活态传承。事实上，当一个国家最重要的文明——非物质文化遗产，因其内容、形式、工艺过于复杂，用典籍与实物已无法传承时，民间社会更喜欢采用师徒相授、口耳相传等方式对其实施"活态传承"。传承人也凭借着他们的"活态传承"，为中华文明的延续做出了属于自己的贡献。譬如，中国的指南针、造纸法、活字印刷、火药，没有一个不是通过历代传承人来传承的。从这个角度来说，传承人为中华文明的活态传承做出了重要贡献。

那么，什么叫"活态传承"呢？所谓"活态传承"，就是通过一出又一出小戏的演唱，一个又一个泥人的制作，将某项技艺传承下来的方法。中华民族中最重要的文明主要是通过这种方式传承下来的。所以，"活态传承"是区别于书本传承、实物传承的另一种传承方式，而我们的非物质文化遗产传承人正是这类活态文明的重要传承者，没有传承人的努力，以指南针制作技术、造纸技术、活字印刷技术以及火药制作技术为代表的中华文明的最高科学技术是不可能传承到今天的。

四 如何从中华文明的高度去评价非物质文化遗产传承人？

记得2007年遗产日期间，面对新华社记者的采访，笔者说过这样一段话：以往，一讲到中华文化的名人，我们便会想到孔子、孟子。不错，作为中华文明的创造者，他们确实做出过杰出贡献。但是，在关注他们以及他们成就的伟大事业外，我们还应注意一个问题——除孔孟之道外，中华民族还有许多文明创造并不是由孔孟创造的。譬如，我们的中华饮食制作技术，我们的东方建筑技术，我们的造纸术，我们的活字印刷术，我们的纺织技术，以及我们已经传承了数千年之久的中华农耕技术，等等。也就是说，在中华文明的创造过程中，除孔孟之外，还有那么一批人，为中华文明的创造同样做出过杰出的贡献，而他们就是妇孺皆知的鲁班、毕昇、蔡伦、黄道婆，拿今天的话来说，就是我们的非物质文化遗产传承人。一个国家的发展，一个国家的文明创造，没有他们的参与是万万不能的。正因如此，我们很早便提出了"以人为本"原则，以及"传承主体"概念等，中国的非物质文化遗产保护，基本上也都是围绕着如何认定传承人、如何保护传承人、如何用好传承人这一基本思路展开的。

五 传承人在民间文学活态传承方面到底做出了哪些贡献?

民间文学是指产生并流传于民间社会的、足以反映民间情感与审美情趣的口头文学作品。传承人所传民间文学的价值是多方面的:

民间文学是民间社会的文学。它有着独特的讲述内容与讲述形式,在娱乐民众、教化民众的过程中发挥了重要作用。

民间文学也是解释地方文化的重要手段。对于当地山川地势、风土人情、自然风物、社会风俗的解读是它的基本功能,也是我们了解地方文化、民间解读的重要窗口。

民间文学具有一定的史料价值。在没有官方正史的民族或地区,民间文学常被视为本民族历史的重要组成部分,也是研究这些民族或地区历史的重要史料。

民间文学还是民众生活的重要组成部分。与已经出版的典籍不同,我们所说的民间文学是指活在民间的、以口头形式传承至今的文学,即或在今天,它们也仍以劳动歌、仪式歌、时政歌、情歌、儿歌等形式参与当地生活,并在参与过程中发挥重要作用。

民间文学之所以被称为"民间文学",是因为它生在民间,长在民间,活在民间,是研究民间情感、民间意志、民间智慧和民间审美的重要资料。这些民间文学作品尽管在代表精英文化的经史子集中也偶有记载,但真正的数目庞大的民间文学作品,主要还是通过民间故事家、民间歌手、民间艺人在生活或仪式中传承,这也是中国非物质文化遗产传承人对中华文明所做出的独特贡献。

六 传承人在传统表演艺术方面到底做出了哪些贡献?

传统表演艺术是指人类在历史上创造并以活态形式传承至今的,通过唱腔、动作、台词等表现形式来展现演出者内心世界的传统演出活动。它既包括曲艺、戏曲等传统舞台表演艺术,也包括歌舞、传统体育竞技等传统广场表演艺术,是我们了解中国历史、中国传统文化、中国传统表演艺术、以及中国传统审美的重要渠道,具有重要的历史认识价值、艺术价值、文化价值和社会价值。

传统表演艺术是人类最美语言、最美唱腔、最美肢体语言的集大成者。但是,这一重要遗产在精英文化中并没有得到系统、全面而有效的传承,反之,它的传承主要是通过中国历朝历代的表演艺术家们完成的,这也是中国非物质文化遗产传承人对中华文明所做出的独特贡献。

在中国,传统表演艺术同时也是人们认识自身历史的重要渠道。在许多民族地区,无论是满族的说部、白族的大本曲,还是藏族、蒙古族、柯尔克孜族的三大史诗,都与本民族的历史息息相关,是我们了解该民族历史的重要窗口和途径。

在文字相对发达的汉民族地区,尽管有汗牛充栋的古代典籍,但作为普通民众,他们对历史背景的了解、对历史事件的了解、对历史人物的了解,基本上是通过传统表演艺术完成的。譬如,普通百姓对唐代历史的了解并不是通过《新唐书》《旧唐书》完成的,而是通过《贵妃醉酒》《打金枝》这些传统剧目来完成的;对宋代历史的了解并不是通过《宋史》完成的,而是通过《穆桂英挂帅》《四郎探母》《探阴山》这些传统剧目来完成的。而这显然与传统社会识字率不高的现实基础有关。

七 传承人在传统工艺美术方面到底做出了哪些贡献?

传统工艺美术是指人类在历史上创造并以活态的形式流传至今的、能够充分反映一个民族独特智慧、独特审美与最高工艺水平的传统手工技艺。

传统工艺美术有两个突出特点：一是它的专业性。这类遗产的传承主要是通过专业的艺人或匠人来完成的。二是它集实用和审美于一身。可以说，作为传统工艺美术类遗产的传统手工制作技艺，尽管通过典籍、考古实物可以传承，也都有传承，但难度甚大。绝大部分难度最大者，仍需通过艺人或匠人们的活态传承来完成，这也是传承人在传承中华文明的过程中所做出的独特贡献。

八 传承人在传统工艺技术方面到底做出了哪些贡献？

传统工艺技术主要是指与人们日常生活有关的传统生活技术，如服饰方面的织、印、绣、染技能，饮食方面的烹调、腌制、酿造技能，建筑方面的堪舆、选材、选址、温控、营造技能，交通方面的舟车制作、路桥建造等技能。说得更宽泛些，只要与人类的日常生活密切相关而又很难纳入其他范畴的传统文化事项，如酱油酿造技术、陈醋酿造技术，以及与中医药有关的正骨、针灸、推拿技术，中草药炮制技术等，都可纳入传统工艺技术类遗产范畴。

在中国历史上，与传统工艺技术有关的典籍并不少。如手工技艺方面有宋应星的《天工开物》、齐国官书的《考工记》、贾思勰的《齐民要术》；茶艺方面有陆羽的《茶经》、朱权的《茶谱》、顾元庆的《茶谱》；医学方面有张仲景的《伤寒杂病论》、孙思邈的《千金要方》、王叔和的《脉经》、陶弘景的《本草经集注》、葛洪的《肘后备急方》。但这些典籍文字记载往往过于简约，很多细节很难通过文本说清楚、讲明白，仍需活态传承做它的补充。

考古出土的文物和民间收藏的传世器物，在人类认识历史的过程中发挥过重要作用,如通过"后母戊大方鼎",我们可以知道商代青铜器的所用原料的比例以及花纹的模样,但我们也很难通过这些器物,对这些器物的制作技艺及流程进行百分之百的复原,所以在一国文明的传承过程中,文物所发挥的作用仍然是有限的。

相反,活在民间的传统手工技艺,可以让我们了解更多的技术细节,更具体的工艺流程。毕竟一国文明的传承需要更多的细节来支撑,如果没有千千万万个传承人的活态传承,中华文明中的许多传统手工技艺无论如何是不会传承并保存至今的。这也是中国非物质文化遗产传承人对中华民族做出的一份独特贡献。

九 传承人在传统仪式方面到底做出了哪些贡献？

传统仪式是指那些专门为确认或强化某种关系而在特定场合所举行的认证活动或纪念活动。传统仪式种类多样,但从动机看,不外乎是围绕着解决人与人之关系和人与自然之关系展开的。由此,我们可以将传统仪式分为两个大类:一类是为解决人与人之关系而产生的仪式;另一类是为解决人与自然之关系而产生的仪式。

为解决人与人之关系而产生的仪式,主要包括祖先神祭祀仪式、英雄神祭祀仪式、行业祖先神祭祀仪式以及各种各样的人生礼仪等;为解决人与自然之关系而产生的仪式,主要包括祭山仪式、祭水仪式、祭祀五谷神仪式等。

在中国,除官祭外,其他仪式在典籍中少有记载。而文物除作为祭祀地点的庙宇外,其他实物也很难保留下来,这种种不足给我们认识、利用这类遗产带来不少麻烦。老实说,以活态形式原汁原味传承至今的、可以作为人类文明活化石的传统祭祀活动并不多,这主要与意识形态方面的误解有关。但凡事都有例外,在某些偏远地区或少数民族地区,许多传统仪式保存得相当完整。通过这些传统祭祀活动,我们不但可以了解更多的地方祭祀传统,同时还可以让这些传统仪式在调节人与人之关系、人与自然之关系方面继续发挥作用。而这一点是典籍与文物所无法完成的,这也是非物质文化遗产传承人为中华文明的活态传承做出的独特贡献。

十 传承人在传统节日方面到底做出了哪些贡献？

传统节日是指人类在历史上创造并以活态形式原汁原味传承至今的,具有重要历史价值、艺术价值、文化价值、社会价值以及科学价值的传统节庆活动。

一年有365天,但在传承一国物质文明与精神文明的过程中,并不是每一天都同等重要。在这365天中,总有那么几天,在传承本民族物质文明与精神文明的过程中发挥重要作用,而这几天就是我们的传统节日。

传统节日是民众的共有遗产,在官方文献及文人作品中尽管不乏涉猎,但像《荆楚岁时记》《东京梦华录》《武林旧事》这样用专章专门介绍中国传统节日的典籍并不多。文物方面,与传统节日有关的文物亦非常有限。所以,要想通过典籍、文物来传承一国节日文化几乎是不可能的。但与典籍、文物相比,中国传统节日在民间的活态传承尚好,特别是少数民族地区或地域偏远地区,许多传统节日都被原汁原味地保存了下来,并在融洽人际关系、整合社会秩序、构建和谐社会的过程中发挥着重要作用。

传统节日是一年中最重要的时间节点,许多文明的传承,都是在这样的传统节日里完成的。事实证明,只要保护好传统节日，一个民族最优秀的饮食制作技术、服饰制作技术、装饰装潢技术以及最优秀的表演艺术就传承下来了。更为重要的是，只要保护好传统节日，中华民族凭借传统节日传承下来的那些传统美德也就传承下来了。所以我们说，以活态形式传承的传统节日，不仅可以拉动"假日经济"，缓解身心疲劳，传承人类文明，同时还可以增进我们的家族认同、民族认同直至文化认同。传统节日可以让我们用一种更为随和、更为亲和的方式，去处理人与人的关系、人与自然的关系，从而使我们的人民更加幸福，民族更加团结，社会更加安定，环境更加美好。没有活态传承，这一切都是万万不能的。

十一 传承人在农业生产知识方面到底做出了哪些贡献？

传统农业生产知识主要是指与农业生产、牧业生产、渔猎生产等有关的传统生产知识与技能。

在中国历史上，与传统农业生产有关的典籍并不少。如农业生产方面有氾胜之的《氾胜之书》、贾思勰的《齐民要术》、徐光启的《农政全书》、段成式《酉阳杂俎》、佚名的《新增鹰鹘方》；茶艺方面有陆羽的《茶经》、朱权的《茶谱》、顾元庆的《茶谱》。但文字记载往往过于简约，很多细节很难通过文本说清楚、讲明白。考古出土的与农林牧渔有关的文物和民间收藏的传世器物，虽然可以帮助我们认识历史上农业生产中的一些技术与工艺，但都因保存有限，很难对其原有技艺进行百分之百的复原。相反，这些技术与技艺目前仍然很好地传承在农民、牧民、猎人、渔夫的手中，通过他们我们不但知道这些传统农业生产中的奥秘，同时还能通过他们的手将这些手艺继承下来并传承下去。这也是中国非物质文化遗产传承人对中华文明所做出的一份独特贡献。

十二 为什么说传承人的活态传承更能代表中华文明的底色?

中华文明大抵可分为"精英文化"与"草根文化"两部分。所谓"精英文化"主要是指由知识分子、文化精英创造并传承下来的典籍文化。而"草根文化"则是指由民间社会创造并传承下来的活态文化。

从创造主体看,"精英文化"的创造者是历朝历代的知识分子、文化精英。如《四库全书》经部中的《论语》《孟子》《礼记》的创作者,都是中国历史上著名的儒学大家;史部中《史记》《汉书》《后汉书》等创作者,都是中国历史上最著名史官、史学家;子部中诸子百家的创作者,都是中国历史上最著名的思想家;集部中诗文总集及各种专集的创作者,都是中国历史上最著名的文学艺术家。可以说,中国历史上的典籍文化,主要是由中国历史上最著名的思想家、哲学家、文学艺术家创作并完成的。

与靠典籍传承的"精英文化"相比肩的,是遍布城乡的"草根文化"。"草根文化"又称"民间文化"或"大众文化",其中最具代表性者,就是今天我们所说的"非物质文化遗产"。与"精英文化"的创造者不同,"民间文化"的创造者,多是生活在社会底层的"文化人"。说他们是"文化人",并不代表着他们一定识字或文化程度有多高,但他们肯定是某一领域或是某一行业的技术能手。中华文明中的另一半——以"民间文化"为标签的非物质文化遗产,主要是通过他们来传承的。冯骥才在《中国民间文化杰出传承人名录》中是这样评价他们的:"他们就是数千年来一直活跃在民间的歌手、乐师、画工、舞者、戏人、武师、绣娘、说书人,各类高明的工匠以及各种民俗的主持者与祭师。这是一种智慧超群者,才华在身,技艺高超,担负着民间众生的文化生活和生活文化。黄土地上灿烂的文明集萃般地表现在他们身上,并靠着他们代代相传。有的一传数百年,有的延续上千年。这样,他们的身上就承载着大量的历史讯息。特别是这些传承人自觉而严格地恪守着文化传统的种种规范与程式,所以往往他们的一个姿态、一种腔调、一些手法直通着远古,常常使我们穿越时光,置身于这一文化古朴的源头里。所以我们称民间文化为历史的'活化石'。"

正因为以非物质文化遗产为代表的"草根文化"是民众创造、民众传承、民众享用,所以,它也就更能代表中华文明的底色、根性,更能代表更多中国人的想法,我们也就更容易通过它看到中国社会的价值观、世界观、人生观和审美观。总之,由于"草根文化"所保护和传承的是一种与"精英文化"完全不同的另外一种文明,所以非物质文化遗产传承人也就具有了更为独特的价值和意义。

十三 为什么说传承人更看重"活态传承"?

与"精英文化"凭借书本传承不同,非物质文化遗产传承人更看重"活态传承"。"活态传承"是这类传承表现在形式上的一个特点。

每种文明都有其自身的特点,每种文明也都会根据其自身特点,选择一种更适合自己的传承方式。长期的社会实践告诉人们,非物质文化遗产并不适合文本传承,也不适合实物传承,传承人认为非物质文化遗产最适合自己的传承方式,莫过于师徒相授、口耳相传的"活态传承"。这是因为:

第一,与"精英文化"的传承者——懂文字的知识分子不同,"草根文化"的传承者多半是些不懂文字的匠人、艺人、歌师、舞者或是游走在乡间的民间艺人。既然不懂文字,文字传承便不是他们的强项,他们自然会扬长避短,避开文字,而寻找到一种更适合他们自己的传承方式。慢慢地,他们注意到传统手艺的传承,最简单者莫过于师徒相授、口耳相传。所以,古往今来的民间文化,特别是其中的非物质文化遗产,基本上都是通过这种方式代代相传的。

第二,相比于其他传承,非物质文化遗产,特别是其中科技含量很高的传统手工技艺,技艺繁复、流程庞杂,要想通过文字记录或实物实现代际传承,事实上是不可能的。这个时候,通过手把手的教、口传心授的学,反倒成了实现活态传承的最好方式,因而"活态传承"最终也就成了非物质文化遗产传承方式的不二之选。

十四 "活态传承"的短板和优势是什么？

应该说，非物质文化遗产的"活态传承"有它明显的短板——"手把手"教这种传承模式，只能算一种被称为"大概齐"的传承，很容易影响到所传技艺的精准性与准确性——手工技艺的传承多半都有这样的问题。如果我们正视非遗传承的这个特点，我们就不能也不应该用大工业生产的标准来要求非遗的活态传承，这几年一些地方给非遗传承立标准的做法是错误的，不值得提倡。不但如此，我们还要将"活态传承"缺乏精准性的这个缺点，当成非物质文化遗产的天然优势，即由于人们在制作某种器物的时候，都会根据材质的不同、工具的不同、季节的不同、温湿度的不同甚至心情的不同而使每个作品都会呈现出小的不同，从而使我们的手工作品或演出具有了更多的个性与艺术性。譬如，表演艺术上的现场砸挂，手工技艺中的因材施法，都会使他们的手艺变得更加灵活，也更具有灵性。这一点既与强调作者著作权的作家创作迥然有别，也与刻板的大工业生产完全不同。

十五　传承人"活态传承"的主要贡献是什么？

以往，我们在探索中华文明传承规律时，关注最多的是典籍传承和实物传承，相反，很少会关注到非物质文化遗产的"活态传承"。其实，这是极不公允的。应该说，中国历史上技术含量最高的文明，主要是通过传承人的"活态传承"来完成的。

那么，非物质文化遗产传承人的活态传承，到底为中华文明的传承做出了怎样的贡献呢？

第一，非物质文化遗产传承人所传承的，基本上是典籍传承或实物传承所不传的另一类文明。如传承人所传的石雕、木雕、砖雕、玉雕技术，苏绣、蜀绣、湘绣、粤绣这种古老的手工技术，基本上都是典籍传承与实物传承所不传的。从这个角度来说，非物质文化遗产传承人也就具有了独特的存在价值。

第二，传承人"活态传承"所传的，多半是典籍传承或实物传承所无法承载的、技术含量更高的另一类文明。我们甚至可以很自豪地告诉世界：在大工业文明到来之前，中国历史上技术含量最高的人类文明，无论是指南针、造纸法，还是活字印刷、火药制作，基本上都是通过传承人的"活态传承"才延续到今天的。非物质文化遗产传承人的贡献，为中华民族保留下了宝贵的另一类文明。

二、认定篇

一 为什么说选出优秀传承人非常重要?

传承人是非物质文化遗产的活态载体,也是一个民族传统表演艺术类、传统工艺技术类以及节日仪式类遗产的重要载体。能否选拔出合格的非物质文化遗产传承人,将直接关系到这类中华文明能否断流的大问题。那么,什么样的人才有资格被认定为非物质文化遗产传承人呢?本文提出认定非物质文化遗产传承人的五大标准,仅供同人参考。

物质文化遗产"看得见""摸得着",保护起来相对容易。但作为表演艺术类、工艺技术类以及节日仪式类的非物质文化遗产,既"看不见",也"摸不着",由于缺少抓手,保护难度很大。但是,如果我们换个思路,问题也许就会迎刃而解——既然这些技艺与技能保存在传承人的头脑之中,我们保护好传承人,不就等于保护好了非物质文化遗产了吗?事实也已证明,只要鼓励传承人去做,非物质文化遗产就会活在当下;只要鼓励传承人精益求精,非物质文化遗产就会越传越好,越做越好;只要鼓励传承人让他带徒授艺,非物质文化遗产就会代代相传,永不断流。所以,保护非物质文化遗产的核心要素,就是遴选出优秀的非物质文化遗产传承人。

二 为什么说传承人所传是不是非遗是认定传承人的绝对标准？

非物质文化遗产传承人的认定，重点不在传承人姓氏名谁，而是看他的所传是不是非物质文化遗产。那么，什么是非物质文化遗产呢？我们提出这样几条标准。凡是满足了这几条标准的就是非物质文化遗产。

（一）从传承时限看，该人所传的文化事项必须具有百年以上的历史。时限不足百年者，不能认定为非物质文化遗产。

（二）从传承形态看，该人所传文化事项必须以活态形式传承至今。至于那些在历史上产生，但因种种缘故，并未能以活态形式传承至今者，同样不是非物质文化遗产。

（三）从原生程度看，该人所传文化事项必须以原汁原味的形式传承至今。那些在传承过程中，已经被改编改造了的，同样不是非物质文化遗产。

（四）从传承品质看，该人所传文化事项必须具有重要价值。有人认为，所谓"非物质文化遗产"，就是我们通常所说的"传统文化"。其实，这种认识不够准确。非物质文化遗产至少具有百年以上的历史，从这个角度来说，它肯定是"传统文化"。但这并不等于说所有的"传统文化"都是非物质文化遗产。"传统文化"与"非物质文化遗产"的最大区别在于,"非物质文化遗产"是经过价值衡量之后的"传统文化"——在传统文化中,凡是具有重要历史认识价值、艺术价值、社会价值、科学价值和借鉴价值的,才是非物质文化遗产;凡不具有上述价值,或是上述价值不那么突出,便不是非物质文化遗产。

(五)从传承范围看,并不是所有的传统文化事项都能评上非物质文化遗产。从属性看,非物质文化遗产只存在于表演艺术、工艺技术、节日仪式以及传统农业生产知识四大领域,除此之外,都不能认定为非物质文化遗产。

三 为什么说不参与活态传承者不能认定为传承人？

非物质文化遗产传承人必须亲自参与非物质文化遗产的活态传承。它包括两方面内容：一是指只有真正工作在生产第一线上的、懂传统技艺、具有实操经验的优秀匠人或艺人，才有资格申报非物质文化遗产传承人；二是指虽然已经不再亲自动手，但仍能深入一线，凭借着自己常年积累起来的经验，去指导业内后人的那些杰出的、颇受同行或晚辈尊敬的老艺人或是老匠人，才有资格申报非物质文化遗产传承人。相反，那些在非物质文化遗产保护工作中，确实做出过重要贡献的组织者、协调者、研究者以及热情参与者，尽管他们为非物质文化遗产保护也确实付出过艰辛努力，但由于并未直接参与到非物质文化遗产各种手艺的活态传承中来，并不能熟练掌握各种专业知识与技艺，故不能申报非物质文化遗产传承人。

从国外经验看，非物质文化遗产传承人的认定年龄，通常被限定在45—50岁左右。这个年龄段的传承人，尽管由于年龄、体力、手劲、眼力等诸多因素的限制，他们在手艺上已经开始走"下坡路"，但有一点可以肯定的是，这一年龄段的传承人所传"绝活"是最多的，所懂技艺是最多的，所知相关传统也是最多的，因此，作为师傅，以传承人的身份带徒授业，这一年龄段显然是最好的。与亲自传承相比，我们更看重的是他们能将自己长期以来积累起来的相关知识、技能与经验分享给他的继承者。相反，40岁以下或是更年轻的传承人，他们所传技艺在纯正度上往往会存在许多问题。如他们所唱民歌多半会夹杂有某些美声唱法的影子，他们所剪剪纸多半会融有西方绘画的影子，他们所雕作品多半会带有西方雕塑艺术的影子。也就是说，最纯正的民间唱法、民间剪法或是民间做法，在他们身上并没有被原汁原味地继承下来。这种承载有太多"转基因"成分的"传承人"，一旦进入传承队伍，很容易导致所传项目的迅速异化。当然，凡事也都有例外。在田野调查中，我们也确实发现过一定数量的保持了中国传统的后继人才。他们学徒一二十年，练就了一手绝活，代表了中国非物质文化遗产的未来，这部分人值得重点关注。

四 为什么说不原汁原味传承者不能认定为传承人？

在非物质文化遗产保护中，又有一个非常重要的原则，这便是"本真性保护原则"或"原真性保护原则"。该原则来源于物质文化遗产保护原则中的"真实性保护原则"。在文物保护工作者看来，保护物质文化遗产的第一步，就是对文物本身的真实性做出明确的价值判断——这个文物到底是不是真文物。如果不是真的，当然也就没有保护的必要。马未都先生曾给我们讲过这样一个故事：一天，一个小伙子拿了个陶罐子请他鉴定，来者想知道这陶罐到底是东周的，还是西周的。马未都掂了掂，告诉小伙子："这是上周的。"摸着还烫手呢，怎么可能是文物呢？不仅是文物界坚守这一原则，就是与义化遗产相关的任何一种行业，都会坚守，也必须坚守这一原则。

但在非物质文化遗产保护界，人们很少会意识到这一点。甚至认为这不就是唱唱歌、跳跳舞吗，有什么真不真的问题呢？于是，一些假非遗便因为"美"或"贵"而进入非物质文化遗产名录。进入名录后，同样因为没有意识到非物质文化遗产的真实性问题，进而对其实施大规模改造，很多项目已经改成我们祖先已经不再认识的样子，已经不再具有保护价值。

二十多年非物质文化遗产保护实践告诉我们：无论是物质文化遗产，还是非物质文化遗产，只要不改，便有价值——"钻木取火"不改，我们便可知道早在一万多年前人类是如何获取火种的。"客家山歌"不改，我们便可知道一千多年前中原人是如何唱山歌的。如果我们将钻木取火改成了打火机，将客家山歌改造成了流行歌曲，我们保护的非物质文化遗产还有历史认识价值吗？

非物质文化遗产是我们与祖先沟通的重要窗口。如果在这里失守，我们将会失去一个与祖先沟通的重要渠道，祖先的智慧就会因我们的改动而彻底消失，我们失去的不是在某些人看来土里土气的民歌、舞蹈或是土得掉渣的传统手工技术，而是一笔所剩不多的文化战略资源。新时代文学、艺术、科学、技术的创新也会因为上述文化战略资源的丧失而裹足不前。这就需要我们在非遗保护过程中，及早建立起"文物"意识，把非物质文化遗产当成包含众多祖先智慧与经验的"活化石"原汁原味地保护下来。

说到"原汁原味"，很多人会心生误解。认为原汁原味是否太难。其实，我们坚守的"原汁原味"说起来不难，做起来也不难——昨天怎么做，今天还怎么做；师傅怎么做，徒弟还怎么做。难道这会很难吗？当然，我们所说的"原汁原味"，并非像某些人理解的那样一点都不能改变，而是说最能代表该遗产的决定性基因，一点都不能变。这些决定性基因包括了该项目的传统表现内容、传统表现形式以及传统原材料,这些因素最好一点都不要变。至于那些不影响原有基因的小的改变,我们真的没有必要管得太多。"一遍拆洗一遍新",是非物质文化遗产活态传承的普遍规律,管得太多,反而会影响到民间文化的自主传承。

五　为什么说不带徒弟不能认定为传承人？

除具备足够的专业知识与高超技艺外，在传承人的认定中，人们还非常看重传承人是否愿意将自己所掌握的全部知识与技能，毫不保留地传授给后人。否则，即便他才高八斗，也不能认定为非物质文化遗产传承人。我们对传承人的考核，大致可分为两部分进行：一是看他是否已经将前人的技艺或技能原汁原味地继承了下来；二是看他是否已经将他已经掌握的前人技艺或技能原汁原味地传承下去。前者强调的是传承人是否得到了"真传"，后者强调的是他的徒弟们能否在他那里得到"真传"。作为中华文明的"二传手"，传承人肩上的这两副担子一副都不能少。一般情况看，传承人在评定之时，我们已经对他是否已经得到"真传"进行了初步的评估，在这个问题上不会出现大的问题，所以，我们在考察传承人的传承力时，需要重点考察他是否愿意将前人的技艺或技能原汁原味地传承给他的后人。

在非物质文化遗产传承过程中，由于传承项目类型的不同，传承方式与路径也会有很大的差异。譬如，具有相当技术含量、可以养家糊口的非遗项目，多半是通过血缘传承（家族传承）的方式加以传承的，其缘由无外乎是"肥水不流外人田"。那些技术含量不高,基本上凭体力吃饭的非遗项目,多半是通过业缘传承的方式传承的,其传承动力无外乎是凭体力养家糊口。而那些作为公共文化存在的非遗项目——如侗族大歌、苗族舞蹈等,多半是通过地缘传承的方式加以传承的,其传承动力无非是通过自娱自乐的方式宣泄情感、愉悦身心、教化世风、交流情感,即所谓"饭养身,歌养心"。事实上,传承人在传承方式、传承对象的选择上,都会因传承项目类别的不同而有所区别。在考察传承人的传承能力时,也应将上述因素考虑进去。

六 为什么说传承人必须具有一定的代表性、权威性与影响力？

非物质文化遗产的传承人，是一个民族传统文化的"二传手"，这个民族传统表演艺术、传统工艺技术、传统节日仪式，特别是其中的核心技艺，能否原汁原味地继承下来并传承下去，传承人发挥着重要作用。因此，传承人的选拔是一项非常严肃的工作，来不得半点马虎。非物质文化遗产传承人至少在以下三个方面是出类拔萃的。

（一）代表性

非物质文化遗产从类型学角度来说，会分为传统表演艺术、传统工艺技术和传统节日仪式三个大类；从地理学角度来说，也会因自然环境与人文环境的不同而有所区别。如甘肃的皮影与乐亭的皮影、福建的皮影与广东的皮影，都会因环境的不同，在用料、刀法、造型、工艺等方面有很大的不同。我们遴选的传承人，没有一个能包打天下，敢说自己是某类遗产的集大成者。他们至多只能成为某一门派，或是某一地域流派的代表。于是乎，能否代表这一门派或是这一地域流派的艺术特色、文化特色、工艺特色，便成了我们考察非物质文化遗产传承人的重要标准。

(二)权威性

非物质文化遗产传承人是否具有权威性,是由多种因素决定的。权威性的形成包括以下因素:

首先,非物质文化遗产传承人的权威性,有时是由传承人正宗的传承谱系决定的。譬如,对于某些家族传承型非物质文化遗产项目来说,其核心技术通常掌握在嫡长子手中,在非物质文化遗产传承人申报时,嫡长子显然具有明显的优先申报权。这是由家族传承这种特殊的传承方式决定的;对于某些业缘传承型非物质文化遗产项目来说,其核心技艺通常掌握在大徒弟手中,在非物质文化遗产传承人申报时,大徒弟显然具有更为明显的优先申报权。这是由业缘传承这种特殊的传承方式决定的。非物质文化遗产申报的权威性,通常是由非物质文化遗产传承规律决定的。找到了规律,我们就会事半功倍,就会不犯或是少犯错误,并将真正的非物质文化遗产传承人钩沉出来。

其次,非物质文化遗产传承人的权威性有时是由传承人高超的传承技艺决定的。"实践是检验真理的唯一标准"。考察一个传承人是否具有权威性,最重要的指标,就是看他做得如何,是否掌握着这个行业的"独门绝技"。在行业内部,并不是所有匠人都能掌握某种"独门绝技"的。只要我们找到了"独门绝技"的所有者,自然也就找到了我们要找的传承人。

最后，非物质文化遗产传承人的权威性，有时还要看他的技艺保有量。譬如，某国家级布袋戏项目传承单位只能演出 20 余个折子戏，而当地并未进入遗产名录的草台班子竟然能演出 200—300 个折子戏，谁更权威，一目了然。

（三）影响力

非物质文化遗产传承人的认定，通常都会是一个系统的认定，要考虑到方方面面。但综合到一起，便是该传承人是否具有广泛的影响力，是不是某行业或某领域的标志性人物。因此，是否具有很高的知名度与很强的号召力，也应该成为我们衡量、选拔非物质文化遗产传承人的重要尺度。认定机构也会根据传承人影响维度的大小，将其评为县级、市级、省级乃至国家级非物质文化遗产传承人。

总之，我们所说的"非物质文化遗产传承人"，是指那些不但能将祖先所传技艺原汁原味继承下来，同时也愿意将祖先技艺原汁原味传承下去，且在这个过程中取得过公认成就，具有一定代表性、权威性和影响力的某些自然人和社会群体。

七 什么样的人才是理想中的传承人？

就像保护物种时我们特别强调品种的正宗与基因的纯正一样，保护非物质文化遗产时，我们同样强调各遗产项目品种的正宗与基因的纯正。这是由非物质文化遗产保护工程的基本目标——保护中华民族文化之 DNA 决定的。但非物质文化遗产品种是否正宗，基因是否纯正，又是由什么决定的呢？——当然是由非物质文化遗产传承人决定的。只要传承人正宗，非物质文化遗产必然正宗；只要传承人纯正，非物质文化遗产就不能不纯正。因此，为确保申报项目的纯正与正宗，我们在项目传承人的选拔上，也必须严格把关，将那些最正宗、最纯正的传承人选拔上来，将那些不正宗、不纯正的"传承人"拒之门外。

那么，什么样的传承人所传项目会更正宗、更纯正些呢？

（一）与外来迁入者相比，我们更倾向于祖居者。这是因为与外来迁入者相比，那些未经太多外来文化浸染过的土著居民，具有更为丰厚的本土知识，他们所传承非遗项目，也会更正宗，更纯正，更加原汁原味。

（二）与有文化的、识文断字的知识分子相比，我们更倾向于选择那些没有文化、不识文不断字，但掌握有某种独特技艺的当地人。这是因为识字者可以通过读书、看报获取更多的外来知识——其多元的知识获取渠道无法保证所传项目基因的纯正；相反，那些不识字者由于只能通过口耳相传获取本土知识。所以，与前者相比，他的知识与经验无论如何都会更正宗、更纯正。而这对于以保护当地传统基因为基本特征的非物质文化遗产保护工程来说，无论如何都是十分重要的。当然，这也存在特例。如中国的京剧、昆曲已经进行了几十年的学院式教育，这种通过主流教育来培养后继人才的"新"传统，不可能不影响到当下传承人的选拔。但即或如此，在传承人的选拔上，我们仍倾向于从师傅带徒弟这种传统人才培养模式中选拔后继传承人。

（三）与大企业型传承人相比，我们更倾向于普通手艺人甚至是街边摊贩。在非物质文化遗产评选过程中，许多大企业经常榜上有名。这是因为在许多人眼中，大企业更容易给当地带来丰厚的商业利益。其实，非遗评选所强调的并不是传承单位的经济贡献度，而是遗产项目中的传统手工技艺是否获得了真传。大机械化生产已经与"传统手工技艺"无关，如果我们将"传承人"这份荣誉颁发给这些大企业，也许从任命的那天起，事实上就已经决定了作为非物质文化遗产传统手工技艺的"终结"。因此，与大企业型传承人相比，选拔那些真真正正的民间老手艺人，让他们将那些古老的传统手工技艺以活态的形式原汁原味传承下来，似乎更符合以传承传统手工技艺为宗旨的非物质文化遗产保护工程的要求。

（四）与勇于创新的年轻人相比，我们更倾向于那些思想更为保守，也更为传统的老年人。这是因为老年人思想相对保守，所传技艺更加传统，行业知识更加丰厚，他们所传非物质文化遗产项目也就会更加原汁原味。相反，由于年轻人思想活跃，接受能力强，又很容易受到外来文化的影响，所以，即或他们的技术与技艺已经炉火纯青，但由于他们接触了太多的外来文化，很难确保其所传知识与技艺的原汁原味。从近十年的调查中我们发现，年龄在40岁以下者，其所传传统技艺的纯正度都存在明显问题，而且，多数人的技术和技艺都存在着明显的"转基因"特征。如他们的民歌已经夹杂有很多美声唱法的影子，他们的剪纸已经融进了太多的西方绘画（如一点透视）的影子。这种承载有太多"转基因"成分的"非物质文化遗产传承人"，一旦进入传承人队伍，我们所传承的非物质文化遗产就很难不变色、走味。

（五）与企业管理者、行政部门管理者相比，我们更倾向于工作在生产劳动第一线上的技术能手。尽管这些企业的管理者，或是地方行政官员也知道相关项目的技术技艺与工艺流程，但说到底，他们还是缺少这门传统技艺的更为精深的专业传统。将他们升格为各级各类非物质文化遗产传承人，不但会伤害到真正能传承这门手艺的传承人的感情，造成新的社会不公，同时还会从制度上扼杀一族文明的有序传承。

总之，与外来迁入者、识字者、年轻人、企业家以及各级地方行政官员相比，那些祖居者、不识字者、具有一定生活阅历与专业经验的老者，以及工作在生产劳动第一线上的技术能手，由于他们接受传统技艺的方式相对单一，又较少接受外来文化影响，同时又有长期工作在生产劳动第一线上的丰富经验，因此，他们所传非物质文化遗产项目在原真性方面无疑占有更多的优势。

三、责任篇

一 为什么说传承人的本职工作首先是传承?

作为中华文明的重要创造者、传承者,我们应该为非物质文化遗产传承人做出一个明晰的社会定位。只有这样,我们的传承人才能做好他们的传承工作,中华民族才会因为有传承人的存在而发展得更快、更稳、更好。那么,非物质文化遗产传承人的本职工作到底是什么呢?

非物质文化遗产传承人是中华文明的重要创造者与传承者。当今的中国,已经进入了一个新全的历史发展时期。中华民族的伟大复兴将由此拉开序幕。作为中华文明"二传手",非物质文化遗产传承人的任务只有两个:一是将老祖宗所创人类文明原汁原味地继承下来;二是将老祖宗所创人类文明原汁原味地传承下去。也就是说,从社会分工角度看,传承人的本职工作不是创新,而是传承。传承人的任务就是利用自己了解传统甚多的先天优势,将老祖宗传下来的老样子、老技法原汁原味地继承下来并传承下去。残酷的现实已经告诉我们,在社会高速发展的当下,懂得老样子、老技法、老剧目、老传统的人已经所剩不多,再不保护,再不传承,再不做这最后一搏,我们的许多传统知识与技能,就会因老艺人的离世而"断崖式"消亡。所以,和创新相比,抢救与继承是非物质文化遗产保护工作的重中之重。

二 为什么说非遗可以为经济的高速发展提供不竭的资源？

我们要求传承人原汁原味保护好手中的非物质文化遗产，说到底就是为我国未来的发展提供不竭的文化资源。

不知大家是否已经意识到了这样一个事实：无论是日本、韩国，还是中国，这些国家的非物质文化遗产保护，基本上都是在经济高速发展期展开的。这看似无关紧要的巧合，实际上存在着历史的必然。究其原因不外有三：

一是随着社会经济的高速发展，每天都要出新产品，而新产品的产出仅靠我们冥思苦想的创新是很难完成的。这就要求我们向祖先学习，从祖先处汲取经验，汲取智慧，寻找答案。由此不难看出，非物质文化遗产之所以在此时受到重视，显然与时代的需要有着密切的关系。这个现象反过来又会提醒我们，非物质文化遗产保护，不仅仅是我们认识历史的需要，同时也是当代创新的需要。保护好这笔遗产，就可以为当代创新提供不竭的资源。

二是一个国家在经济高速发展时，其传统文化很容易因时代列车的疾驶而被甩出"车外"。于是，抢救、保护文化遗产，很容易成为这个时代的最强音，保护工作也会随即展开。

三是随着外来文化的疯狂涌入,人们很容易因五颜六色的花花世界而忘却自我,忘却那段本属于自己的历史,忘却那条本应熟记的"回家的路"。于是,一场名为"非物质文化遗产保护运动"的民族文化复兴运动,也由此拉开了属于它的历史序幕。在这个过程中,非物质文化遗产的承载者——非物质文化遗产传承人,开始走进世人视野,并受到越来越多的礼遇。

三 为什么说传承人是中华优秀基因的坚强捍卫者？

非物质文化遗产是一个民族历经千百年才传承下来的最稳定、最优秀的文化基因,是一个民族共同的文化记忆。如果有谁问我们什么"最中国",我们可以理直气壮地告诉他们——当然是我们手中传承的这份非物质文化遗产。只要保护好祖先留给我们的这笔遗产,我们的国家才会永葆本色,永远独立于世界民族文化之林。作为中华优秀基因的守护者、捍卫者,传承人的任务,就是明确责任,站稳立场,在西化文化大举进攻面前,确保自己所传中华基因的纯正性,以确保中华文脉永不断流。

四 为什么说传承人是中华多元文明的坚强守卫者？

中华民族是由中国56个民族共同构成的，灿烂的中华文化是由56个民族共同创造的。保护非物质文化遗产，首先要从自身做起，从保护各自地域文化的独特性做起，这就需要我们先弄懂当地文化的独特气质与独特优势。其实，要想弄懂自己并不容易。记得某位西方哲人说过这样一句话："是谁发现了水？我想那肯定不是鱼。因为鱼就生活在水里，它已经感知不到水的存在。"要想打破"魔咒"，一是借助他人眼光发现自己的优长，譬如丽江的美就是由诸多外国驴友发现的；二是开拓自己的视野，在比较中发现自己的优势。当然，作为非物质文化遗产的守护者、传承者，仅仅做到"各美其美"尚远远不够，还要学会尊重他者，学会欣赏他者所创造的文化。因为人类文明多样性的保护，需要全体国民的共同努力。

五 为什么说传承人的任务就是将一国优秀传统继承下来?

当今的中国,已经进入了一个全新的历史发展新时期。中华民族的伟大复兴也将由此拉开序幕。这也是一个鼓励创新的新时代。因为只有创新,我们才能引领科技的发展,才能雄踞世界民族之林。但社会是有分工的,分工的结果,便是作为中华文明"二传手"的非物质文化遗产传承人,他们分得了这样一份工作:一是将老祖宗所创人类文明原汁原味地继承下来;二是将老祖宗所创人类文明原汁原味地传承下去。也就是说,从社会分工角度看,传承人的本职工作并不是创新时代所鼓励的"创新",而是远离"创新"的"继承"。他们的工作说白了,就是为中华民族的"创造性转化、创新性发展"保护好资源。即传承人的工作就是利用自己了解传统甚多的先天优势,将老祖宗传下来的老样子、老技法原汁原味地继承下来并传承下去,而不是让你放弃自己熟知传统的所长,去从事你并不擅长的所短。冯骥才认为,传承人是中华文明的重要传承者。他认为:"有史以来,中华大地的民间文化就是凭仗着千千万万、无以数计的传承人的传衍。它们像无数雨丝般的线索,闪闪烁烁,延绵不绝。如果其中一条线索断了，一种文化随即消失；如果它们大批地中断，就会大片地消亡。"在《中国民间文化杰出传承人名录》中，冯骥才又说："自觉地传承这种非物质文化遗产的人就是传承人。他们是非物质文化遗产的主角。……他们就是数千年来一直活跃在民间的歌手、乐师、画工、舞者、戏人、武师、绣娘、说书人，各类高明的工匠以及各种民俗的主持者与祭师。这是一种智慧超群者，才华在身，技艺高超，担负着民间众生的文化生活和生活文化。黄土地上灿烂的文明集萃般地表现在他们身上，并靠着他们代代相传。有的一传数百年，有的延续上千年。这样，他们的身上就承载着大量的历史讯息。特别是这些传承人自觉而严格地恪守着文化传统的种种规范与程式，所以往往他们的一个姿态、一种腔调、一些手法直通着远古。常常使我们穿越时光，置身于这一文化古朴的源头里。所以我们称民间文化为历史的'活化石'。""承载着大量的历史讯息"与"自觉而严格地恪守着文化传统的种种规范与程式"既是传承人的特点，也是传承人的最大优势，离开这些，传承人也就失去了他存在的意义。

六 为什么说"一辈子只做好一件事"是"工匠精神"的具体体现?

说到"工匠精神",首先要知道什么是"工匠"。通常,我们所说的工匠,是指在某个行当中具有某种特殊技能的人。与一辈子只靠土地维生的农民不同,他们更看重手艺。在他们看来,"家有万贯,不如一技在身"。为了养家糊口,身无立锥之地的他们,只能在追求手艺的道路上孜孜以求。所以,注重细节、追求完美、一丝不苟、精益求精,以超出常人的耐心与严谨、专注与坚守,做好手头的"每一件事",几乎成为这一群体的共同特征。由于一辈子甚至几辈子、几十辈子只想做好一件事,在继承中又很少"变化",很容易让人联想到"匠气"一词。从整体上看,他们的长处确实不在创新,而在继承。但殊不知能把一个家族或是一个地方传承了几十年乃至数百年的老手艺继承下来,并原汁原味地传承下去,并不是一件很容易的事。其贡献之大,绝不亚于创新。以瓷器的造型为例,我们折腾了几十年的创新,但在造型上有多少创新超越了传统器型玉壶春、天球瓶、梅瓶、蒜头瓶、橄榄瓶、瓜棱瓶、棒槌瓶?没有。匠人们比我们聪明,他们以专业的眼光很早便注意到了这一点,并以其毕生的经历去学习传统、继承传统、优化传统。为了做好每一件器物,他们都不惜对自己的产品精雕细琢,精益求精。不惜花费大量的时间与精力,去追求极致与完美。他们对产品从不投机取巧,不愿因任何一件产品,任何一个细节,败坏自己的名声。专注、坚守、敬业,对自己的产品一丝不苟,这也许就是我们所说的"匠人精神"吧。

七 为什么要重塑"工匠精神"？

2016年3月5日，李克强总理在《政府工作报告》中首次提及"工匠精神"。这也是"工匠精神"第一次出现在政府的工作报告上。解读其中的含义，恐怕也绝不会是仅仅为了让国人能够重温传统。它更深远的意义在于通过"工匠精神"的弘扬与重塑，让历史上中国工匠们所倡导的"工匠精神"重现制造业，并使"中国制造"走向"精品创造"。

"工匠精神"源于传统手工艺者。而这部分人基本上就是我们所说的"非物质文化遗产传承人"。自2003年中国启动非物质文化遗产保护工程以来，中国已经评出1557项国家级非物质文化遗产项目和数万项省区级非物质文化遗产项目，取得的成就是举世公认、有目共睹的。在中央政府和整个社会的共同推动下，非遗传承人所传传统技艺已经获得空前提升。但是，由于各种原因，一些传承人的传统技艺——荣宝斋木版水印技艺远远没有达到1949年之后印制《清明上河图》《韩熙载夜宴图》《簪花仕女图》那样的历史最高水平，许多该继承的传统技艺并没有真正地继承下来。这样的例子并不占少数。如果我们借李克强总理《政府工作报告》的东风，重提"工匠精神"，我们就有可能解决好传承人中只求数量，不求质量问题，让我国的非遗保护重上一个新的台阶。从另一方面看，作为一个国家的总理，能在《政府工作报告》中首提"工匠精神"，不可能仅仅是为了解决非遗传承中的问题。其更长远的目的，很可能是通过"工匠精神"重振，让中国制造更注重我们产品的细节，以一丝不苟的态度、精益求精的精神，以及超出常人的耐心与严谨、专注与坚守，做好手头上的"每一件事"，从而从根本上提升整个国家的工业制造水平，并在21世纪内完成中国工业革命的转型升级。

八 为什么说"工匠精神"需要制度做支撑?

在中华民族的血液中,我们并不乏"工匠精神"。近代以来,中国工匠精神之所以会迅速消失,显然与大机械化生产的迅速崛起、政权的反复更迭、物质生活的极度贫乏,以及精英教育上的"去技能化"等多重因素有关。要想重建中国的"工匠精神",除需处理好上述问题外,还需从制度建设入手,重塑中国人的"工匠精神"。因为"工匠精神"并非孤立存在,实际上,它只是中国传统工匠文化的一个组成部分。将"工匠精神"单独提炼出来,并上升到民族精神的高度去加以弘扬,几乎是不可能的。这就需要我们深入探讨中国工匠发展史,探讨中国"工匠精神"所需要的信仰支撑、制度保障以及文化支撑,去从一个更为宏观的背景下,弘扬我们的"工匠精神"。

作为传统,"工匠精神"需要用制度做支撑,而这个制度便是行会。那么,行会在"工匠精神"的弘扬过程中,发挥怎样的作用呢?

首先,行业组织具有团结行业同人、增强行业同人凝聚力和向心力的作用。

为维护行业同人的共同利益,行会通常都会通过共同信仰,将行业同人组织起来,增强行业同人的抗风险能力。行会会员一旦遇到困难，行会成员也会尽力而为，并为受困者提供帮助。

其次，行会还具有制定行规、整合行帮内部秩序的作用。"国有国法，家有家规"，每个行业内部都会有自己的"行规"。行业中人既是行规的制定者，也是行规的监督对象。如有违反，便会受到来自行业规则的严厉制裁。通过严格的行规会法，规范人们的竞争行为，以避免各种不正当竞争，维系商业秩序的稳定。

最后，行业组织还具有对外调节各行业及同行业内不同行帮间社会矛盾的功能。为维护各行业利益，行业间还流传有许多共同的"游戏规则"。如行业间"不得跨业"（同时兼做两种生意），"不得跳业"（改行），以免造成不必要的恶性竞争，即所谓"生行莫入，熟行莫出"。在同行业内、不同行业间，也讲究各有各的地盘，不得相互侵吞，以免造成行帮间的无序竞争。

近年来，随着中国传统手工艺的崛起，以次充好事件屡有发生。一些新型行业组织由此应运而生。如青海唐卡艺人为确保唐卡绘制原料的货真价实，不但专门成立了唐卡保护协会，而且制定章程，严格限定唐卡原料的使用，维护了坚守唐卡创作传统的艺人们的切身利益。实践证明，这种民间行会的自律，远比来自政府的监管更为灵活，也更加有效。

九 为什么说"工匠精神"需要信仰做支撑？

作为传统，"匠人精神"需要用信仰做支撑。没有信仰，就算再好的技艺也难传承下来。在热贡，我问唐卡艺人西合道先生：为什么你把佛祖画得那么细、那么好？他告诉我，画得好，佛祖会保佑我。因为涉及神灵，没有谁敢在原料上以次充好，没有谁敢在工艺上缺斤短两。于是，信仰铸就了真正的唐卡。其实，历史上中国工匠并不乏祭祀行业祖先神的传统。至清代，甚至已经达到了"三百六十行，无祖不立"的程度。

为什么古代工匠们一定要祭祀自己的行业祖先神呢？一个行业要想维系其自身的稳定，通常都会通过增加人手来加强行业监管，但当人管不了人的时候，便会创造一个神，让神来管理。在特定历史条件下，可以说这是一种投入最少、见效最快的行业管理模式，在行会秩序维系过程中，发挥过重要作用。如为维护行业铁律，会员入会、拜师学徒，都会举行专门的祭祖仪式。谨守行规、尊师敬祖、团结同人已经成为这些仪式的核心内容。此外，行业一旦遇到什么重大事件——如评判曲直、调节纠纷、议增工资、选举会首、惩戒奸逆，都要在祖师庙前进行。奉神之举，说到底就是因神设教，逞神威以治凡人，借助祖师的力量，化解行业矛盾，维护行会组织的正常运转。

与此同时,行业神的出现还会增强行业同人的行业意识与认同感。同师同祖,犹如同宗,行业同人在古老信仰的支配下又多了一层"血缘"成分。表现在行动上,便是"同行都是一个祖师爷,要互相有碗饭吃"。许多行业还会以桃园三结义为范本,以关公为楷模,强调义气用事,珍重金兰之交,为行业发展提供一个良好的人文环境。而拜祖仪式也会从"血缘"层面,进一步拉近师徒间的距离,行会组织的凝聚力由此得到进一步增强。这种管理模式在利用人们对神灵无比畏惧的心理,进而实现了对行业进行有效监管的同时,也确保了行业同人能按行业祖师留下的规矩,从事他们的艺术生产,从而确保了许多传统手工技艺的原汁原味。

十　为什么说"工匠精神"需要用规矩做支撑？

作为传统,"匠人精神"同样需要用文化做支撑。俗话说:"家有万贯,不如一技在身。"在匠人眼中,技艺就是财富,就是饭碗。传下了手艺,就等于传下了家产,传下了财富,传下了饭碗。为防止财富外流,在没有专利的年代,匠人们发明了一系列保护自身利益的办法。如在匠人中广泛流传的《老虎拜猫学艺》的故事,讲的就是如遇不淑弟子,如何保护自身权益的问题。但是,出于扩大再生产的需要,徒弟是不能不收的。为避免"教会徒弟,饿死师傅",师傅在选徒时都非常留心徒弟的人品。而一旦收徒,师傅又会努力营造出一种家族氛围,与徒弟建立起一种形同父子般的更为稳定,更为紧密,也更具宗法制特征的人际关系。徒弟在努力工作的同时,也要像儿子一样,尽可能照顾好师傅、师娘的生活起居,使师徒关系形同父子。

在传统社会中,很多行业生产都是以家族为单位进行的。如果说"手艺"也是财富,按小农经济"肥水不流外人田"的准则,这份财富只能传给一代又一代的本家族长子。这种看似自私与狭隘的做法,实际上是古人对切身利益的一种"自我保护",与当下的"专利申请"并无本质区别。在这里,家族既是技艺的创造者、传承者，也是技艺的唯一受益者。人们凭借着这些秘不传人的祖传技艺，在服务社会的同时，也为家族赢得了利益。历史走到今天，许多传统观念固然已经过时，但家族观念在传承"工匠精神"过程中所起的作用，却是我们不应忘记的。考察中我们注意到，凡有行业祖先神信仰的家族店铺，人们对所传技艺改动甚少，非常符合非物质文化遗产保护的"最少干预原则"。凡属家族传承的传统手工技艺——无论是"张记""李记"，还是"王记"，这些店铺都更加注重自己的品牌与声誉，更少出现质量问题。因为他们都是在以家族的名义做担保的。这些支撑"工匠精神"的传统文化，是我们在弘扬"工匠精神"的过程中所不能也不敢忽略的。

十一　传统手艺人对于一个民族来说到底有多重要?

对于文明,人们有各种各样的解读。但是,有一点,大家不经讨论便能达成共识:一个国家如果没有心灵手巧的匠人,没有出类拔萃的手艺,没有用这些手艺建造起来的恢宏建筑,绘制出来的栩栩如生的艺术品,没有令人垂涎欲滴的美味佳肴,就说它文明程度有多高,是不会有人相信的。在人们心目中,工匠所传技艺已经成为这个国家文明程度的重要标志。从某种角度来说,一个国家的文明程度,往往是由这些名不见经传的工匠们决定的。匠人艺人是一个国家物质文明与精神文明的重要创造者、传承者。研究一国文明,不关注这样一群人是万万不行的;发展一国文明,不重用这样一群人更是万万不行的。

正因如此,在历朝历代的战争中,无论战争有多么的残酷,敌我双方都不会杀害一个匠人或艺人。匠人和艺人的重要性由此可见一斑。

十二　历史上行业组织是怎样一步步发展起来的？

　　工匠是在原始农业、采集业、渔业及狩猎业基础上产生并发展起来的。神话中盖房搭棚的有巢氏，抟土塑人的女娲氏，专事制陶的尧帝，发明舟楫的帝俊，都可视为史前时代某一行当的工匠或是这个行当的行业始祖神。随着工匠的增加，与之相关的工匠群体——行会也逐渐发展起来。但历史上究竟出现过多少种行业，人们很难确指。故人们常常用三十六行、七十二行、一百二十行，三百六十行概称之。这也说明，三百六十行的出现原本就是个循序渐进的过程。而且，这种行业裂变自人类历史上第二次社会大分工以来就从未停止过。所不同的，只是这些裂变有时会快些，有时要慢些。影响行业裂变的原因可能有许多，但最关键的因素，还是取决于社会经济发展速度。社会经济提速，消费质量提升，就会有效刺激社会分工的专业化程度，原有的行业分工也会被不断细化，随着新兴行业的不断涌现，产品质量也会因此而获得更大的提升。

　　在中国，最早的行业组织出现在隋代。进入唐宋后，随着城市建设的高速发展、社会对商品需求不断增加，新的行业组织大量涌现，并于明清两朝进入巅峰状态，许多行业祖师、行规的确定，都是在这一时期完成的。

四、管理篇

一 为什么说保护传承人是保护非遗的最佳切入点？

非物质文化遗产与物质文化遗产虽然都是人类的财富，但表现形式却完全不同——前者存在于无形之中，而后者存在于有形之中。相比较而言，物质文化遗产"看得见""摸得着"，保护起来相对容易；而作为人类知识、经验与技能的非物质文化遗产，则由于更多的是以"看不见""摸不着"的形式存在于传承人的头脑之中，所以保护起来难度更大。

在漫长的非物质文化遗产保护实践中，人们渐渐地注意到，非物质文化遗产虽然"无形"，但它确实存在于非物质文化遗产传承人这个活态载体的头脑之中。因此，只要保护好传承人，客观上也就等于保护了非物质文化遗产。这样一来，保护对象也就自然从"无形"变为"有形"，从"看不见""摸不着"变为"看得见""摸得着"，保护工作也就会因有了"抓手"而变得简单起来。

在这种理念的支配下，日、韩等国一直将保护传承人当成非物质文化遗产保护工作的头等大事。在这些国家中，不但设有专门为传承人传承而设置的传承补贴，各级政府还会为传承人参与各种非物质文化遗产展演活动提供种种的便利。

保护实践也一次次证明：非物质文化遗产的濒危，实际上就是传承人的濒危。只要保护好传承人，非物质文化遗产就会"转危为安"；只要传承人能带徒授艺，非物质文化遗产就会生生不息，代代相传。所以，保护传承人也就成了保护非物质文化遗产的第一要义。

二 非物质文化遗产传承人大致可分为几类？

由于各种非物质文化遗产技术含量不一，工艺流程有别，故我们可以根据遗产所需人力的不同，将非物质文化遗产分为"个体传承型非物质文化遗产""团体传承型非物质文化遗产"和"群体传承型非物质文化遗产"这样三个大类。而与之配套的传承人，亦可分为"个体传承型传承人""团体传承型传承人"和"群体传承型传承人"三大类别。

（一）个体传承型传承人

在非物质文化遗产传承过程中，有些遗产项目是以个体传承的形式出现的。这类遗产的传承人便是传承者本人。如国家级非物质文化遗产项目聚元号弓箭制作技艺，就是由杨福喜一脉单传。这类技术与技艺虽然不一定为某个个体所独有（如其徒弟也掌握有其中的某部分技术），但从理论上说，包括其核心技术的所有技艺与流程，都应掌握在该传承人手中。

（二）团体传承型传承人

与个体传承型传承人相比，我国的绝大多数非物质文化遗产项目，都是以团体传承的形式出现的——如皮影、木偶戏、侗族大歌、苗族舞蹈、荣宝斋木版水印技艺等，都是靠某个团体的力量共同传承的。这类遗产的传承人虽然也泛称为"人"，但其传承主体已经不再是某个个人,而是某个团体。

(三)群体传承型传承人

与规模较小的团体传承不同,还有一类遗产——如传统节日或传统仪式,通常都是由更多的人——众多传承团体,共同传承的。例如,历史上的妙峰山庙会,就是由七十二档花会——七十二个敬香团体,来共同传承的。

三 为什么要对传承人实施分类管理？

将非物质文化遗产传承人分为上述三大类型，符合非物质文化遗产传承规律。下一步我们需要做的工作，就是尽快找到各类传承人的传承特点与规律，并利用这些规律，来指导我们的非遗保护实践。

科学管理的第一步，就是要明晰各类非物质文化遗产传承人在传承过程中的"责""权""利"，让非物质文化遗产传承工作责任到人，权利到人，利益到人。让每一位传承人都明白自己的责任是什么，权利是什么，利益是什么，从而使自己的工作受到法律的保护。

作为个体传承型项目，它的传承人是个人，传承的重担自然也就落在了该传承人一个人的肩上。如果有了好处，他自然也应该成为该利益的唯一获得者。由于这类项目"一脉单传"，也最容易消失，所谓"人亡艺绝"者，多半指此类项目，故而，个体传承型项目及其传承人也应该成为我们的保护重点。

作为团体传承型项目（如京剧、昆曲、皮影、木偶），它的传承者至少应该由两人以上的数人、数十人乃至数百人的团队所组成。传承重担自然也就落在了这些人的肩上。如果有了好处，该团体自然也应该是该利益的唯一获得者。该团体内部的所有成员也会根据各自贡献的不同，获得本属于自己的那份好处。这类遗产的最大特点是它的团体性。这是它的优势，也是它最容易遭到侵蚀的地方。如果传承团队发生内讧——如相互拆台，非物质文化遗产传承同样会受到致命影响。所以，保持传承团体内部的稳定，是确保这类遗产有序传承的关键。在传统社会中，人们也会通过亲缘关系、地缘关系、业缘关系来增强这类项目传承的稳定性。实践证明，拜师仪式、入行仪式在维系这类遗产稳定传承的过程中发挥着重要作用。

群体传承项目与上述两种非遗项目在传承方式上又有很大不同。上述两种传承在时间上是持续的，传承行为时时都在发生。而群体传承型项目通常具有较强的间歇性，如传统节日（如端午节、中秋节等）、大型仪式（如孔子祭祀大典等）基本上每年只有一次。由于这类遗产是由众多民间社火组织共同传承，故而，如果有了好处，按着按劳分配原则，该利益就不应该由某人独享，而是应该发放给该社火组织并惠及该组织的所有人。此外，这类项目在补助金的发放上，亦不应过度，由于庙会的民间集资本身就会给这类项目带来一定费用上的补充，如果补助金额过高，如承包了庙会所有的费用，反会给庙会带来不必要的麻烦——对于仪式的传承主体——各档花会来说，参加庙会是在尽自己的"义务"，更何况为庙会捐款，本身图的就是个"吉利"。经费上扶持过多，或是干脆用补助金代替募捐，反倒亵渎了仪式参与者原有的虔诚。

总之，由于非物质文化遗产表现形式不同，传承方式也会呈现出明显的差异。这就要求我们必须弄清各类非物质文化遗产传承规律，然后根据它们各不相同的规律，来指导非物质文化遗产的传承实践。"一刀切"的管理方法——如用管理京剧的办法管理侗族大歌、用管理牙雕的办法管理妙峰山庙会的想法与做法，均不值得提倡。那样做的结果只能是越管越乱。

四 对非遗传承人实施分类管理的客观依据是什么？

通常，判定一个非遗项目的传承主体究竟应该是个体、团体还是群体并不是一件什么难事。譬如，在民间文学、表演艺术方面，谁的史诗唱得好，谁的故事讲得好，谁就是史诗、故事的传承人；哪个戏班子唱得好，哪个戏班子就是哪个戏曲流派的传承人。当然，事情总有复杂的一面。如传统节日、传统仪式类遗产规模庞大，它们少则数百人，多则上万甚至几十万人。就参加团体而言，除节日中核心仪式的管理班底外，还有着为数众多的会档，而每个会档又由众多老把式、老会首组成。对于这类规模庞大、参与者众多、表演项目丰富的非物质文化遗产项目来说，认定传承人显然有相当大的难度。但作为一项原则，我们必须清楚：无论是个人、团体还是群体，这些传承人，都应产自民间而非政府。因为民间社会的传统节日仪式类遗产，绝大多数都是通过当地社火组织而非政府来传承的。

在排除了政府参与传承之后，我们又应如何认定传统节日仪式类遗产的真正传承人呢？传统节日仪式类遗产内容丰富，形式多样，除核心仪式有相应的传承主体外，前来走会的各种花会、戏班也都有着为数众多的会首、班主、老把式、老艺人。这些人数众多的传承主体本身似乎就会给传统节日仪式类遗产传承主体的认定带来不小困难。但事实并非如此。因为对于规模如此庞大的传统节庆活动而言，它们的传承主体不会是某个个人，甚至不会是某个团体，这类遗产只能通过为数众多的民间社团组织来共同传承。事实上在日、韩等国，人们也从未将这类遗产的传承人归为某个个人。在他们的申报文本中，也从未出现过所谓"传承人"（保持者、保有者）这样一类称谓，取而代之的是，这类文本中，"联络人"取代了原有的"传承人"。这表明在政府看来，这类遗产不属个人，它是所有参与者的共同遗产。"联络人"的设置只是为了联络上的方便，他与遗产项目并不存在"隶属"关系。当然，这个"联络人"也不会是普通香客，而是该节日核心仪式的主持人。

五　如何看待仪式类遗产传承人的选定？

但是，对这样一种指定，并非没人担忧。有人从政治视角出发，认为这类仪式通常都是由巫师主持，让他们来担任遗产项目的联络人——事实上的领导者，会不会将非物质文化遗产保护引向邪路？会不会引发封建迷信的抬头？我们的回答是：传统节日甚至包括其中的传统仪式，就像一条流动的河，它从远古流淌到今天，事实上从未给当地社会带来过什么负面影响。相反，在和谐人际关系、和谐人与自然之关系等方面，还发挥过相当重要的作用。故此，我们应该对这类遗产及其传承者给予充分肯定。

当然，如果某些仪式真的具有某种浓厚的封建迷信色彩，我们肯定会在审批之初就将其拒之门外。也有人从技术层面提出自己的隐忧——他们认为非物质文化遗产传承人通常都是由具有某种独特技艺或技能的艺人、匠人组成，而传统节日仪式类遗产主持人似乎恰恰缺少这方面的才能。选他们做节日仪式类遗产的联络人，撇开意识形态不谈，在技术层面似乎也存在问题。

调查中，我们也确实遇到过类似问题。在相对落后的传统农业社会，特别是在相对偏僻的少数民族地区，因仪式的需要，仪式主持人多半还都能歌善舞，但一旦到了相对发达地区，仪式的主持人除了会主持仪式、调动队伍外，几乎真的没有什么特殊的"才艺"可言。但即便如此，我们也仍认为这些并无特殊"才艺"的节日仪式主持人，有理由成为这类遗产的名副其实的传承人。其实，"才艺"是个相当广泛的概念。

除上述狭义的"才艺"概念外，出色的组织、调度能力，指挥、管理能力，也应被视为一种"才艺"或"才能"。传统节日仪式类遗产更像一出大戏——尽管台前幕后演职人员甚多，但要想演好这出戏，关键处不在演员，而在导演。而节日仪式类遗产的主持人所扮演的正是"导演"这样一个角色。

六 为什么说传统庙会不是封建迷信？

有些人对传统庙会嗤之以鼻，认为所谓庙会不是烧香拜佛，就是封建迷信。其实，这是对我们传统庙会缺少起码的了解。如果我们静下心来，很客观地去考察每一个庙会，就会发现绝大多数庙会非但不是封建迷信，反之都充满了满满的正能量。庙会都会祭拜神灵。我认为中国庙会祭祀的神灵大致可分为以下几类：第一类是民族英雄，他们为我们守护了我们的家园，保护了我们的生命。这样的民族英雄难道不值得我们纪念吗？第二类是救死扶伤、悬壶济世的大医生，如华佗、葛洪、孙思邈、李时珍，他们为拯救人民的生命、守护每一个人的健康做出了杰出贡献，为中华民族的中医药事业做出了重要贡献，难道我们不应该纪念他们吗？第三类是清官好官，他们匡扶正义，主持公道，救民于水火，这样的清官，难道我们不应该纪念他们吗？第四类人堪称一个民族的道德典范。如普度众生的佛祖、救人水火的妈祖，诚实守信的关公等。中华民族的传统道德体系，主要是在他们所倡导的传统道德的基础上构建起来的。当然，作为中国传统宗教的重要组成部分，许多庙堂神灵的另一个功能便是慰藉人心。这在表面看似乎并不能起到什么实质性的"慰藉""疗伤"作用，但作为第二真实，它们确实可以在缓解人们的心理压力方面发挥重要作用。如弥勒佛、观世音，都属于这类神灵。

有人也许会说，这就是迷信。我说不是迷信。什么是迷信？坑蒙拐骗是迷信，谋财害命是迷信，这充满正能量的、为纪念拯救过你的生命的英雄、帮助过你的恩人、慰藉过你心灵的传统庙会怎么会是迷信呢？这不是忘恩负义、以怨报德又是什么呢？

也许有人会问，这不是迷信，又是什么呢？我告诉大家，这不是迷信，而是俗信，也就是说这是千千万万个民众共同拥有的普遍信仰。这种信仰非但不会影响社会发展，反会促进民族团结、社会稳定、人心向善、社会进步。对于这样的庙会，我们不但不应抵制，还应弘扬、弘扬、再弘扬。

七 为什么说保护庙会最简单的办法就是"还俗民间"?

传统庙会本身就是民间文化的一部分,民间社会一直是传统庙会的重要组织者、传承者。在中国,政府的权力是无穷大的,所以,近年来传统庙会保护的一个最大特点,就是由政府将传统庙会包办起来。但这样一来,问题也来了。

首先,传统庙会一旦被政府包办,势必会有大规模投入。买服装、买道具、请导演,动辄几千万的投入,本身就是一笔很大的开支。

其次,传统庙会一旦被政府接管,就会变成"政府大会",这项非物质文化遗产由于非遗传承人——当地百姓被屏蔽在传承体系之外,这些传统庙会也就不再"原汁原味"。"民俗"也由此变成"官俗"。

最后,一旦政府介入传承,一旦传统庙会被政府包办,还会严重打击到民间社会的积极性,从而破坏了非物质文化遗产原有的传承体系,民间社会就会因种种的被"冷落",被"剥夺",与政府产生矛盾。民间社会就是提出种种条件,干群关系也会受到种种影响。要想保护好传统庙会这笔优秀的民族文化遗产,最简单的办法,就是坚持民间事民间办,而政府重点做好后勤保障工作。

八 如何理解非遗保护中的"移风易俗"?

在现实生活中,有很多人在谈"移风易俗"。在此,我奉劝大家要慎谈"移风易俗"。或是在谈"移风易俗"之前,我们要认真考虑一下我们要移的到底是什么"风",易的到底是什么"俗"?这些"风俗",到底是恶风恶俗,还是良风良俗?如果是恶风恶俗,当然要移除,因为它影响了我们的社会发展。但如果是良风良俗,我们还移吗?在日常生活中,我们之所以不假思索动辄就提"移风易俗",说到底是忽略了我们与祖先的联系,忽略了当代文明与传统文明的联系。在许多人看来,"传统"都是不好的,落后的。在他们眼中,"新世界"与"旧世界"是完全对立的、不同的两个世界。因此,只有打破一个"旧世界",才能建立一个"新世界"。其实,人类社会的文明,都是一步步积淀起来的。继承传统就是站在巨人的肩膀上。也只有继承传统,我们才能在通往未来的道路上走得更快、更稳、更好。屠呦呦的成功证明了这一点,抗击新冠病毒的成功也证明了这一点。随着大家对传统文化认识的不断加深,人们会越来越多地认识到传统文化的"好",并让传统文化在新文化、新艺术、新科学、新技术的创新过程中,发挥越来越多的作用。

但有一点大家应该知道,我们所说的传统文化也好,传统庙会也好,都是在历史上产生的。它们就像是一条流动的河,从远古流淌到今天。在它的身上,不可能不具有某些往昔的痕迹。对此,我们应该像对待自己的母亲一样,去对待我们的传统文化和传统庙会,并对它们给予一定的宽容。

最后我想说的是,传统节日及其庙会,不但可以拉动地方经济,活跃文化生活,传承民族遗产,同时,还可以通过庙会弘扬民族精神,传承传统道德,为人类社会的发展提供强劲的动力支撑!

九 为什么说非遗保护的第一步是辨伪？

只要谈到"遗产"，我们需要做的第一件事便是"辨伪"——看看它到底是"真的"，还是"假的"。马未都先生给我们讲过这样一个故事：一次，一个小伙子拿了个陶罐，让他看看这东西的年代，看看它到底是东周的，还是西周的。马未都掂了掂，笑了，说："这是'上周'的。火气还没退，怎么可能是遗产呢？"不收"伪遗产"，是文物界的基本常识，但在非遗界却很少有人会意识到这一点。以至于很多人在审视遗产时，很少有人会想到"真不真"的问题。缺少这根线的结果便是"伪遗产"的大量混入。造成这种情况的原因，是人们还缺少非物质文化遗产学的学术立场，所以，建立非物质文化遗产学真的迫在眉睫。

在此提醒大家的是，以后再遇申报项目，我们要做的第一件工作不是看它"漂亮不漂亮""贵不贵""值钱不值钱"，而是看它到底是"真遗产"还是"假遗产"。具体的判断标准是看它是不是具有百年以上的历史？是不是以活态形式传承至今？是不是原汁原味传承至今？是不是具有重要价值？是不是隶属传统表演艺术、工艺技术、节日仪式以及传统农业生产知识等范畴？如果是，便是非遗，如果不是，便不是非遗。

十 到底什么叫"活态传承"?

非物质文化遗产是一种"活着的"文物,活态传承也就成了这种文明的最大特点。但人们对"活态传承"的理解并不相同。绝大多数人认为,所谓"活态传承"意味着非遗是不断变化的,通过变化,通过对新环境的不断适应,找到自己活下去的理由。于是,在他们看来,非遗的"变"是必然的。其实,这种理解是完全错误的。

首先我们要弄明白一个道理,每年国家出巨资保护非遗,其目的到底是让非遗"变",还是让非遗"不变"呢?如果让它"变",那是很容易的一件事,我们随随便便就可以让这些祖先留给我们的遗产变得"面目全非"。其实,国家投巨资的目的不是让它"变",而是让它"不变"。因为只有不变,才是祖先留给我们的"遗产",才具有重要的历史认识价值。如果根据我们的审美或爱好任由我们去描眉毛、画眼影、染指甲、描红唇,那还是祖先留给我们的"遗产"吗?显然不是。所以,在非遗保护语境中,所谓"活态传承"不是让你天天"变",而是尽量保持"不变",保持非物质文化遗产历史上原有的"素颜"。非物质文化遗产"活态传承"的真实含义是指让艺人们通过一尊又一尊佛像的制作,一出又一出小戏的演唱,让非物质文化遗产以活态的形式一辈接一辈地传续下去。

十一 如何看待传承人的"创新"?

近年来,我们一直在关注传承人所谓"创新",但结果告诉我们,这种创新在传承人的身上少有成功的先例。这一点,与我们对传承人的了解基本吻合。

在历史上,包括艺人或匠人在内的传承人是很少"创新"的,哪怕是一位箍桶的老者,或是制作油纸伞的艺人,他们都会按着祖先留下的套路,日复一日、年复一年地完成着手中的活计。现实告诉他们,祖先留给的这种种做法是最好看、最规矩、最省力,也是最便捷的方法。他们的做法很少出现改动。千百年后,当我们遴选传承人时,也意识到了这一点,所以我们在众多匠人中,专门去寻找那些专门懂得老样子、老技法、老剧目、老传统的人,并将他们聘请为非物质文化遗产传承人,目的就是把这些历史上的老样子、老技法、老剧目、老传统继承下来并传承下去。

我们强调传承还有一个重要原因:如今,祖先留给我们的老样子、老手艺已经所剩不多,再不保护,再不做好这最后一搏,我们的许多传统知识与技能,就会因老艺人的离世而呈现出"断崖式"消亡。中国的民间小戏就是典型的一例。就在改革开放这几十年间,由于外来文化的冲击、老艺人的离世,我们的民间小戏已经从40年前的400多种,锐减到现在的不足200种;我们的民间说唱也由原来的近400种,锐减到现在的不足200种,其他遗产类型也同样面临着快速消亡。在这生死攸关的关头,我们还有什么理由不去好好继承,而整天强调创新再创新呢?

当然,作为一名出色的匠人,在创新这个问题上是不可能没有想法的。譬如当传统造型出现问题时,传统工艺出现问题时,人们都会通过自己的努力,让产品越做越好。这种"创新"是历史的必然,我们不但不会反对,还会积极支持。我们所反对的是外来势力对本国传统的渗透,如要求传承人放弃"散点透视"去学西方的"一点透视",放弃民歌唱法去改用西方的"美声唱法",抛弃中国传统人物造型法去学习西方的人体比例。这样做的结果,就是从根本上阻断了历史上形成的中华传统,并使已经延续了5000年之久的中华文明在我们手中彻底断流。

十二　为什么说保护非遗就是保护民族文化基因?

非物质文化遗产传承人同时也是中华优秀基因的坚强守护者。非物质文化遗产是一个民族历经千百年传承下来的最稳定、最优秀的文化基因,是一个民族共同的文化记忆。如果有谁问我们什么"最中国",我们可以理直气壮地告诉他们——当然是我们手中传承的非物质文化遗产。只要保护好祖先留给我们的这笔遗产,我们的国家才会永葆本色,永远独立于世界民族之林。作为中华优秀基因的守护者,传承人应该明确责任,站稳立场,坚定态度,在西化文化大举进攻面前,确保自己所传中华基因的纯正性,确保中华文脉永不断流。

如何保护好本民族的优秀文化基因,是目前非物质文化遗产保护中的一个重大课题。如果这个问题不引起足够的重视,我们的传统就会因为外来文化的融入而变色、走味。譬如,如果我们的传承人将散点透视改为一点透视,中华文明中的《清明上河图》的画法、《韩熙载夜宴图》的画法、《虢国夫人游春图》的画法、《簪花仕女图》的画法就都没有了;如果将西方人体结构法引入中国的传统泥塑、传统雕塑,那么,天津泥人张的大头娃娃、无锡的阿福就都没有了;如果把美声唱法引入民歌,把五线谱、简谱引入中国,那么,纯正的、变化自如、独具特色的中国唱法及演奏技法也就没有了,因为中国的很多"调调"都"藏在"西方钢琴键子的"缝缝儿"里,这些"调调"用西方的记谱法、演唱法,是很难表现出来的。不要小看这些看似"无心插柳"的小事,放在一起,就会从"量变"到"质变",中华文明就会因为我们的"无心插柳"而渐行渐远。

十三　为什么说保护非遗就是保护民族文化的多样性？

　　中华民族是由中国56个民族共同构成的。灿烂的中华文化是由56个民族共同创造的。没有了江浙一带的《茉莉花》，中华文明就少了一份婉约；没有了维吾尔族的《十二木卡姆》，中华文明就少了一份火爆；没了蒙古长调，中华文明就少了一份辽远和悠长；没了陕北的信天游，中华文明中就少了一份高亢和嘹亮。保护人类文明的多样性，首先要从自身做起，从保护各自地域文化的独特性做起，这就需要我们弄懂各自文化的独特气质与独特优势，要把自己的"好"说出来，讲出来，做出来。其实，要想"弄懂"自己并不容易。记得某位西方哲人说过这样一句话："是谁发现了水？我想那肯定不是鱼。因为鱼就生活在水里，它已经感知不到水的存在。"要想打破"魔咒"，一是借助他人眼光发现自己的优长，二是开拓自己的视野，在比较中发现自己。当前，各级政府的一项重要任务，就是要寻找到自己的优秀传统。因为任何一个地方的发展，都不会像太阳一样，光芒四射，往哪个地方发展都可以。通常的规律是，它们都会沿着自己的传统的延长线向前发展。所以，寻找到自己的传统，特别是寻找到自己的优秀传统，便变得非常重要。想想看，徽州不发展笔墨纸砚，你还能发展什么呢？热贡不发展唐卡，你还能发展什么呢？

当然，作为非物质文化遗产的守护者、传承者，仅仅做到"各美其美"尚远远不够，还要学会尊重他者，学会欣赏他者所创的文明。因为人类文化多样性的实现，需要全体国民的共同努力。要想做到这一点，各地、各民族就应该多多交流，通过文化交流、文化认同，最终实现中华各民族的大团结。

十四　为什么说传说故事也有重要的历史认识价值？

在哈尼族，流传着这样一个传说：话说在很早以前，狗狗看到地上的哈尼人活得辛苦，又吃不到好东西，便跑到天堂找天神帮忙。恰巧此时正是收稻季节，狗狗便趁天神不注意，在稻谷堆上打了个滚，粘了一身的稻粒，逃离了天堂。回到人间后，人们从狗毛里找到了几粒稻种，从此哈尼人有了水稻。

其实，类似传说并非哈尼一族独有，在整个西南少数民族地区，许多民族如苗族、白族、阿昌族、哈尼族、彝族、瑶族、傈僳族、畲族、壮族、侗族、仡佬族、布依族、景颇族等，都有这个传说。

那么，为什么这个传说会在这么多民族中都有流传？我们注意到了这样一则规律：凡是流传有这则传说的民族，其中的绝大多数都不是"纯正的"南方民族，而是从北方迁徙到南方的"准南方民族"。由于他们初来南方时，既无稻种，又无水稻种植技术，故在传说中只能通过与其他民族的交换、购买，甚至通过狗狗的偷盗来获取稻种。如在现在还有《狗盗稻种》的23个民族中，白族、阿昌族、哈尼族、彝族、傈僳族等，基本上都是远古生活在甘青藏一带的氏羌人的后裔，是典型的外来民族,在他们中有《狗盗稻种》的传说,再正常不过;而苗、瑶、畲三族也不是真正的南方民族。据考,这三个民族很可能是在上古时期从黄河以北(当时的黄河入海口在天津)的冀州一带迁来,同样没有种植水稻的传统。他们迁徙到可以种植水稻的南方后,同样也有寻找稻种的问题。而流传在他们中的《狗盗稻种》传说,反映的正是这样一个史影。在流传有《狗盗稻种》的民族中,其实也不乏像壮、侗、仡佬、布依、景颇等纯正的南方民族。这些民族自古种植水稻,不存在到其他民族那里寻求稻种的问题。在这些民族中也流传有《狗盗稻种》传说,在逻辑上无论如何都是说不通的,我们只能将这些不合情理的部分,理解成这些民族文化的"后结构",即后来接受了其他民族影响的结果。

那么,这则产生在远古时期的《狗盗稻种》传说,又向我们透露了怎样的秘密呢?

首先,这则传说告诉我们,哈尼族从前是不会种植水稻的,他们甚至连稻种都没有。他们的稻作生产是从盗取稻种开始的,是个典型的北方民族。

其次,这则传说还告诉我们,在哈尼人看来,水稻来自一个更发达、更美好的地方。这便是传说中的"天堂"。而同型故事中三种截然不同的稻种得来方式:一种是人间的狗狗偷偷跑到天堂盗取了稻种,一种是天神派狗狗送来稻种,还有一种是通过物物交换换来了稻种——都反映出这些想种水稻的外来民族，与种植水稻的土著民族的复杂关系。这则故事还告诉我们，包括哈尼族在内的这些外来民族，在进入中国西南地区时，这里已经有了懂得水稻种植的土著民族。在他们看来，这些土著民族生产力先进，生活富足，过着天堂般的生活。

最后，这则传说还反映出了哈尼人的世界观。故事中，当哈尼人种出第一捧稻谷时，他们首先想到的，便是送给他们稻种的天神，于是才有了派狗狗送新谷给天神的情节；同时，他们也没有忘记给他们带来稻种的狗狗，所以在每年的尝新节上，人们都会把刚刚做好的第一碗米饭送给狗狗。这一习俗从古至今，从未改变。[①]

传统节日仪式与农耕信仰亦息息相关，同样是传统农耕信仰的重要载体。如在西南少数民族地区，山神的信仰、水神的信仰，都是通过转山仪式、转水仪式完成的。而一年一度、循环往复的仪式，在增强当地人保护山林意识的同时，也培养了当地人敬畏自然的朴素心理。在少数民族地区，山水资源、自然环境之所以能够得到很好的保护，显然与他们所信奉的传统农耕信仰有关。可见，要想保护好农业文化遗产，就要保护好与之相关的传统农耕信仰以及与之相关的各种传说故事神话、传统节日及其相关仪式。

---

① 苑利：《云上梯田》，北京美术摄影出版社2020年，第72页。

五、问题篇

一 将"现产"当"遗产"的后果是什么?

非物质文化遗产保护是门专业性极强的工作,保护得好是保护,保护得不好就是破坏。一个好的保护应该从厘清概念入手,搞清楚我们所要保护的到底是不是非物质文化遗产。如果我们稀里糊涂地将"现产"当成了"遗产",将昨天晚上刚刚设计出的"现产",当成了祖先留给我们的"遗产",浪费了大量的人力、物力、财力且不说,还会失去保护祖先遗产的最后时机,让中华文明在我们手中彻底断流。

有朋友会提出这样的问题:为什么别人唱的是二人转,我唱的也是二人转,他是非遗,我却不是非遗?或是别人捏的是泥狗狗,我捏的也是泥狗狗,为什么别人是非遗,我却不是非遗?

首先可以肯定的是,人家传承的是遗产,你传承的不是遗产。大家注意,"非物质文化遗产"的中心词是"遗产",所谓"遗产"是指祖先创造并在他们去世后留给我们的老样子、老段子。人家会,自然人家是传承人,人家所传承的是非物质文化遗产。你不会,自然你就不是传承人,你的所传也就不能算是非物质文化遗产。我们反复强调过,我们除了在传承形态、传承品质、传承范围等方面对非物质文化遗产有着明确的要求外,在时限上也有明确要求,这便是至少要有百年以上的历史。时间不足百年者,不能称之为"遗产"。有人在抱怨,他们会雕刻,我也会雕刻,我雕的铁臂阿童木、樱桃小丸子栩栩如生,为什么就不是非物质文化遗产传承人?这些作品为什么就不能称为"非物质文化遗产"?理由很简单:这些艺术形象都是当代人刚刚创作出来,我们的老祖宗并没有为我们留下过这样的"遗产",当然也就不能称之为"非物质文化遗产"了。"遗产"与"现产"的最大区别是:"遗产"是祖先留给我们的,而"现产"是当代人创造的。"现产"可以随时创造,而"遗产"只能是祖先留多少,我们继承多少。从这个角度来说,"遗产"是唯一的、不可再生的。如果混淆了这对概念,拿了保护祖先遗产的钱,去保护刚刚创作出的"现产",那显然是不合适的。

二 为什么说"非物质文化遗产"与"传统文化"不是一回事？

非物质文化遗产保护之初，就有人认为所谓"非物质文化遗产"，就是以前人们常说的"传统文化"。换种说法的目的，是希望引起上级政府的高度重视。其实，这种理解是有问题的。

首先，非物质文化遗产肯定是传统文化，因为其历史已远远超过百年。但并不是所有的传统文化都是非物质文化遗产。"非物质文化遗产"与"传统文化"的最大区别是：非物质文化遗产是已经经过价值衡量之后的传统文化，也就是说，经过价值衡量之后，没有重要价值者，不用说是抽大烟、裹小脚，就是那些普普通通的传统文化事项，都无权进入非物质文化遗产名录。所以，不能将非物质文化遗产简单地理解为"传统文化"，它与传统文化还是有相当距离的。

三 为什么说"传承"与"传播"是完全不同的两码事?

非物质文化遗产需要传承,也需要传播。所谓传承,就是把"老手艺""老样子"继承下来并传下去;所谓传播,就是把"老手艺""老样子"的"好"告诉更多的人,让通过"老手艺"生产出来的非遗产品卖得更好。能把"老手艺""老样子"继承下来固然重要,能把"老手艺""老样子"告诉给更多的人同样重要。因为知道的人越多,非遗产品卖得越好,传承人才会越有信心将这一门门老手艺传承下去。

老手艺历史上有传承,也有传播。如历史上街面上挂的招幌、店铺门口的叫卖声,都可称之为"传播"。这种传播虽然影响有限,但在交通、物流并不发达的古代,已经足够。不过,在当下,我们的非遗产品要想卖到更远的地方,传统的传播方式显然已经远远不足,这就需要我们在现代传播上下更大的功夫。

在现实生活中,人们很容易弄混"传承"与"传播"的关系。一讲到真实性或原真性保护,总会有人跳出来反对,认为保持"原汁原味"会影响到非遗的传播力度。其实,这种理解是不对的。我们所说的"原汁原味",是我们对传承人的"传承"提出的特别要求,目的是通过传承人,把中华民族历史上创造出来的最好的手艺尽可能原原本本地继承下来,但我们绝不反对人们对非物质文化遗产传播方式的创新。因为传播通常在"传承"的"下游"进行,不会对非物质文化遗产传承造成伤害。总之,"传承"与"传播"是完全不同的两码事,千万不能将它们混为一谈。

四 如何看待传承人的"创新"？

非遗是什么？说到底非遗的本质是"文物"。按常人的理解，所谓"文物"就是祖先留给我们的"物质文化遗产"，其实，从广义的角度看，"文物"作为祖先留给我们的财富，也可理解为非物质文化遗产。由于遗产是历史上产生的，它自然会带有许多往昔的痕迹，自然也就具有了其他文化事项所不具有的重要的历史认识价值。从这个角度说，文物不能改，非遗当然也不能改，而原汁原味保护，也就成了我们最期望的保护模式。

一方面从传承规律看，非遗作为一个民族最重要的文化DNA是很少发生改变的。从保护民族文化DNA的角度看，我们从申报到保护也始终选择那些没有发生改变，或较少发生改变的文化事项。譬如在印刷上，我们并没有选择石板印刷或是机械印刷，而是选择了木版印刷；在表演艺术上，我们没有去选择话剧甚至芭蕾舞，而是选择了两三千年前就已经产生了的木偶剧或是皮影戏。原因很简单，它们已经所剩不多，且具有重要的历史认识价值。

但是，从另一方面看，我们又不得不承认，随着社会的发展、人们审美情趣乃至口味的改变，有些非遗已经与当代人的某些审美乃至口味不再协调，时代甚至会倒逼传承人对原有的非遗项目进行这样或是那样的改变。如人们会通过减少油糖的使用量，将又甜又油的月饼改造成当代人喜欢的少油少糖型月饼；会将略显冗长的汉服改造成略微短小的当代汉服。从社会发展与商业运营角度看，这种做法显然是可取的，因为它既符合商业社会"利益最大化"的基本需求，也满足了人民群众对美好生活日益增长的基本需求。首先，从非遗角度看，"不变"当然是最好的。因为它可以真实地、明白无误地告诉我们该项目在历史上的真实面貌。但从商业角度看，这种原汁原味会带来人们日益增长的物质需求甚至精神需求与"保护"之间的矛盾，会带来商业发展与产业发展与"传承"之间的矛盾。

那么，作为社会一分子，我们应该如何看待传承人的这种改变呢？最简单的办法是，作为传承人，一定要把老样子做好。你的本职工作不是创新，而是继承，不然历史上产生的人类文明就会因为你的"失守"而彻底消失；但作为普通社会的一员，传承人同样需要养家糊口，同样需要赚钱，同样需要养活手下的徒弟们。有的时候，如果死守传统，生计就会出现问题。面对这样的问题，我们给出的意见是：作为传承人，无论赚钱与否，都必须做好传承人的本职工作，将历史上的老手艺继承下来并传承下去。否则，我们就会因为传承人不"传"而将其除名；但我们允许传承人在继承好传统、确保传统不再流失的基础上,从事些创新工作。但作为底线,传承人应该明白无误地告诉人们,这些作品不是祖先传下来的"非遗",而是在继承传统的基础上创作出来的"现产",不骗人,总还是应该的。

五 我们对传承人创新的冗余度到底有多大?

前面我们说过,非物质文化遗产传承人的本职工作只有两个:一是看他能否将祖先的知识与技艺原汁原味继承下来;二是看他能否将祖先的知识与技艺原汁原味传承下去。但在具体项目的传承过程中,由于各种因素、特别是各种环境因素的限制,并不是所有非遗项目的传承都能做到原汁原味,有时,甚至还会有许多主动的创新,对此,我们到底应该如何看待呢?

首先,我们并不反对传统表演艺术中普遍存在着的"一遍拆洗一遍新"式的"创新",也不反对手工艺行业的艺人匠人根据皮色位置的不同而进行的随机应变式的"创新",因为这些做法都符合非遗传承的基本规律,不但不会影响到非遗本身的真实,还会让我们手中的活计变得更加生动,更富有生命力。

在非物质文化遗产传承中,还有一种"创新",这便是在传统基础上的自然延伸。如在很多地方,手工艺人们都会根据当年的属相,设计出应景的生肖作品。兔年绣兔,狗年刻狗,猪年画猪。这种创新,就像老树发出的新叶,尽管每片树叶都是新的,但基因并未发生改变,杨树还是杨树,柳树还是柳树,这种一年轮回一年新的创新同样在许可范畴之内。

那么,什么样的"创新"才是我们坚决反对的呢?那就是来自外来基因的疯狂"侵入"。非物质文化遗产的传承自有其内在规律。只要沿着自己传统的延长线向前发展,通常都不会出现太大问题。但外来基因的介入就不同了。外来基因轻则使以保护本民族传统文化基因为己任的非物质文化遗产变得不再纯正,变成彻头彻尾的"转基因"品种,重则从根本上替代一个民族优秀的传统文化基因。这种介入如果任其发展,很容易让我们的非物质文化遗产因基因的改变而不再属于中国。也许有人会说,这样说不是有点儿耸人听闻?实际的情况是比说得还要严重。譬如,将民歌改成美声唱法,传统民歌没有了;将工尺谱改成简谱,中国传统记谱方式没有了;将剪纸中的散点透视改成一点透视,传统团花纹样没有了;将泥人张传统人体比例改成西方绘画比例,可爱的泥娃娃没有了,取而代之的只能是西方的芭比娃娃。

六 保护传承人容易出现哪些问题？

作为非遗保护工作者，我们的各级政府必须清醒地意识到，保护非物质文化遗产是一门专业性极强的工作，保护得好是保护，保护得不好就是破坏。而且，"保护"力度越大，破坏力度也就越大。

为什么出于好心的保护，也会给非物质文化遗产带来灾难性破坏呢？道理很简单：处于原生状态的非物质文化遗产，就像一株生长在大自然中的花朵，在通常的情况下，是不需要保护的。但随着外来文化以及全球经济一体化的冲击，许多非常优秀的非物质文化遗产连同其生长原生环境，都已遭到严重破坏。为保护这些传统文化遗产，我们就不可能不考虑为这些已处濒危状态的非物质文化遗产，搭建起一个可以遮风避雨的屏障。但问题是，如果这一人造环境一旦远离原生状态，变成一座只能培育娇花嫩草的温室，就很容易以另外一种方式，对非物质文化遗产这株原本只生长在山野间的"野花"的生长带来负面影响。近年来，我国在非物质文化遗产保护过程中所出现的种种"保护性"破坏，几乎都与地方政府的过度干预、随意改编有关。据某国际权威机构所做统计显示，一向号称"原生态文化之乡"的西南某地，目前真正能称之为原生态者，已不足三分之一。余下的三分之二，基本上已毁于当地政府的大规模改造。上述问题的出现，一方面固然与当地政府保护理念的错误有关，但更重要的，恐怕还是由于理念的滞后而直接导致的我们在制度上的错误安排。即我们无视非物质文化遗产传承人已是客观存在的这样一个基本事实，直接以政府的名义取代了非物质文化遗产传承人。按有关国际惯例规定，非物质文化遗产项目的申报，必须以优秀的非物质文化遗产传承人为前提，韩国、日本都莫不如此。但在我们的项目中，相当部分表格在"传承人"一栏中所填的内容都是相当模糊的，还有相当部分的项目，其传承人直言不讳地写明就是某级政府。这种错误的制度安排带来的一个最直接的后果，就是我们在客观上已经承认了政府的传承权，这在客观上也为政府改编民间舞蹈、戏剧、民间工艺等，提供了法理依据。

正如上面我们所说的那样，我们要想实现对非物质文化遗产科学而有效的保护，首先需要我们建立起一个明确的角色意识——政府只是非物质文化遗产的保护者，而民间艺人、匠人等才是非物质文化遗产的真正传承人。政府只有推动、鼓励民间文化传承人保护非物质文化遗产的义务，而无亲自参与非物质文化遗产传承的权力。如果政府一定要越俎代庖，用自己取代传承人，非物质文化遗产就会因为"外行"的介入而变色、走味，代表中华民族文化底色的非物质文化遗产也会因为"外行"的介入而变得面目全非。

七 为什么说"民间事民间办"是保护非遗的最佳模式？

要想原汁原味地保护好非物质文化遗产，我国历史上民间事民间办的传统值得继承。在中国传统农业社会中，除以村长、保长为代表的民事管理系统，即传统村落行政管理系统外，还存在着一个以社长、社首或是寨老、巫师为代表的村落神事管理系统。这套系统主要负责村落的神事活动，祭神、娱神、迎神、赛会等带有非物质文化遗产性质的民俗活动，主要是由这套系统来完成的。自1949年以来，尽管中国社会经历了形形色色的政治运动，但截至目前，这套系统在民间社会仍有相当程度的保留。如果我们充分尊重非物质文化遗产传承规律，充分发挥这些民间组织的潜在作用，非物质文化遗产的科学保护并非是一件什么难事。这样做，不但可以最大限度地实现对非物质文化遗产原汁原味的保护，同时还可以节省政府开支，并使民间社会在这个过程中获得更多的文化认同。

八 为什么说政府、官员、学者不能申报传承人?

在我国,由于我们缺乏对传承人所具价值的深入了解,所以,整个社会对于传承人还缺乏一种应有的、起码的尊重,更不用说和日本将非物质文化遗产传承人视为一国之"人间国宝"更是有着天壤之别。在一些人眼中,传承人说到底不过是群泥腿子,而我们才是一国传统文化的救世主。正因为有了这样一种可怕观念,所以在一些地方,非物质文化遗产保护工程已经变成了以政府取代民间文化传承人的"包办婚姻"工程。这种忽视传承主体,误将政府这个保护主体当成传承主体,从而直接导致了非物质文化遗产进入国家名录后的迅速"官化"。

在从事非物质文化遗产保护工作之前,我们必须清醒地认识到这样一个基本事实:在非物质文化遗产的成长过程中,事实上存在着这样两个主体:一个是非物质文化遗产的传承主体;另一个是非物质文化遗产的保护主体。所谓"非物质文化遗产传承主体",就是指我们通常所说的"非物质文化遗产传承人",一个国家的非物质文化遗产的传承——无论是民间文学、表演艺术的传承,还是民间技艺、传统节日的传承,主要是通过他们来进行的。这一点,亘古以来,从未改变。

除艺人、匠人等传承主体外,在非物质文化遗产保护过程中,还存在着一个以政府为主体的非物质文化遗产保护主体。所谓"非物质文化遗产保护主体",就是指那些在非物质文化遗产保护过程中,处于该传承圈之外,但却对非物质文化遗产传承起着重要推动作用的外部力量。这支力量包括我们的各级政府、学界、商界、新闻媒体以及形形色色的民间社团组织。这些社会群体尽管于古于今都不曾或很少参与非物质文化遗产的传承,但在保护和推动非物质文化遗产传承过程中,却发挥过重要作用。如在《诗经》《乐府》等民间文学的搜集、整理过程中,中国历史上的许多王朝甚至包括当时的知识界,都曾发挥过重要作用。而近代以来在中国大地上开展的民歌、民间小戏、民间舞蹈、民间美术、民间传说故事以及民间谚语等方面的收集、整理过程中,我们的政府、知识界、新闻媒体以及各种民间社团组织等也都发挥过重要作用。也就是说,尽管我们的政府、商界、学界、新闻媒体以及各级民间社团组织并不直接参与非物质文化遗产的活态传承,但它们完全可以利用自己的行政优势、资金优势、学术优势、传播优势,为非物质文化遗产的活态传承,提供政策支持、法律支持、学术支持以及经费支持。如果我们无视这一点,甚至一反传统,一定要以自己的强势地位取代民间文化传承人的地位,则中国的非物质文化遗产势必会因为外行的介入而使自己的好日子走到尽头。

但是，许多事情往往说起来容易、做起来难。因为在中国这样一个官本位社会中，政府的权力常常可以超越一切。在这样一种文化背景下，人们在确定非物质文化遗产传承人时，也就很容易因为政府的强势地位，而将从未介入过非物质文化遗产传承工作的政府，当成非物质文化遗产直接传人，而将真正的非物质文化遗产的传承主体抛到脑后。例如，我们在各种报表中将许多非物质文化遗产项目的传承主体直接确定为各级政府的做法，就已经从体制上宣判了该遗产的死亡。这也正是政府不抓，商界、学界不管，深藏于民间社会的非物质文化遗产尚可苟延于世，政府、商界、学界一旦介入，反倒加速了非物质文化遗产死亡进程的一个根本性原因。

例如，在我们的调查中，一些地方领导确实十分重视本辖区非物质文化遗产保护工作。为了弘扬当地遗产，地方政府甚至每年都会动用政府之力，耗费巨资聘请外地导演来培训本地村民。而培训的结果，不但耗费了大量人力、物力、财力，同时还因加入了大量汉族、西方或是所谓现代要素，而使许多当地歌舞失去了原有的风味，使原本的真民俗变成了伪民俗，使原本的真遗产变成了伪遗产。更不能容忍的是，许多少数民族村落一旦得到导演的"真传"，便如获至宝，以至于凡是参加过这种专家辅导过的村落，无不将此视为拿手好戏，并展示给更多的游客。在一些民俗旅游开展得比较红火的村落，这种以破坏原生态为基本特征的非物质文化遗产

"保护"活动,在当地政府、学界、商界的共同参与下,开展得更是"如火如荼"。以西南某村为例:笔者2000年第一次走访该村时,当时的表演男吹芦笙女舞帕,虽谈不上专业,但绝对够得上原汁原味,令人耳目一新,过目难忘;2005年当笔者再次走访该村落时,那里的姑娘们已经在导演的"指导"下,丢弃了已经传承了千百年之久的手帕而吹起了"芦笙";而2007年笔者陪同余秋雨先生第三次走访那里时,那里的男性舞蹈也在女性舞蹈"成功"改编的基础上,开始了他们的造假历程——这一次,他们放下了手中的猎枪,拿起了只有在汉族地区才能看到的贴有一个个大大"酒"字的酒缸。而原本用于祭祀的祭祖圣地,也被当地人开辟成了一个专门用于表演节目的娱乐广场,能称得上"原汁原味"的东西,在这里已是凤毛麟角。政府、学界、商界因功能错位而导致的对非物质文化遗产原生状态的破坏,由此可见一斑。

在观念上厘清传承主体与保护主体的区别,使他们分别承担起他们各自应尽的义务,是遗产保护工作的重要一环。具体分工如下:政府是非物质文化遗产的保护主体,非物质文化遗产的组织工作、协调工作,主要由他们进行。科研院所、大专院校等文化机构尽管从社会分工的角度来说属于广义的保护主体,甚至可以成为某些项目的申报主体,但并无权取代政府而成为当地遗产的保护主体。非物质文化遗产传承人也不能因技高一筹而成为非物质文化遗产的保护主体。

九 为什么政府、学界、商界中的自然人或团体不能申报非遗传承人？

政府、学界、商界等在非物质文化遗产保护过程中确实做出过重要贡献，但由于他们并未亲自参与过非物质文化遗产的活态传承，有些即或有所参与，但由于他们在工作中接受的更多的是当代文明或是现代文明，所以原则上不能以个人或团体的名义，申报任何级别的非物质文化遗产传承人。已经成了非遗传承人者，或努力学习以达到传承人应有之水平，或由主管单位出面，尽快遴选出真正的非物质文化遗产传承人，从体制上确保非物质文化遗产"官俗化"的发生。

十 为什么传承人一定要客观地填写"传承谱系"？

正确理解填写"传承谱系"的真实意图，是确保申报材料的真实性。在各国非物质文化遗产申报材料中，都会涉及传承谱系的填写。填写传承谱系的主要目的，是为今后的代际传承和科学研究提供线索，而不仅仅是衡量一个传统项目能否入选非物质文化遗产名录的某种凭证。在以血缘或业缘传承为主传渠道的非物质文化遗产事项中，传承谱系通常会比较清晰，而以江湖传承、社会传承、地域传承为基本传承模式的非物质文化遗产项目中，传承谱系则很可能会相对模糊。如少数民族地区小孩子唱情歌，是跟大他几岁的哥哥或姐姐学的，这传承谱系怎么算？江湖故事是大车店听来的，这传承谱系怎么算？总之，政府部门在审定申报材料时，一定要尊重非物质文化遗产传承规律，具体问题具体分析。万不能将传承谱系是否清晰，当成入选非物质文化遗产名录的硬性标准，否则，许多江湖传承、社会传承以及地域传承非遗项目就很难因为说不清传承谱系而被我们拒之门外。同时，过分强调传承谱系的准确性，也很容易导致一些地方造假行为的发生。这一点不能不引起我们的高度注意。

十一 为什么说传承人年轻化问题多多？

近年来，由于人们将当代文创与非遗混为一谈。受此观念影响，就得出了一个更加离谱的结论：当下的传承人没知识、没文化，要想实现对传承人的改造，事实上是很难的，而最简单的办法就是降低传承人的年龄，通过传承人的年轻化、学历化、知识化，加速非物质文化遗产的创新进程。但是，人们没有注意到，传承人所传非物质文化遗产，与艺术家创造的文创产品，是完全不同的两码事。前者是历史上祖先留给我们的，而文创是当代艺术家刚刚创造出来的。如果我们误将文创当"遗产"，不知不觉中就会葬送掉保护祖先遗产的最好时机。同样，如果我们用当代文创工作者取代非物质文化遗产传承人，同样会因文创工作者不了解传统，让非物质文化遗产保护失去最后的时机。

从近十年的中国非遗保护保护实践看，通过降低传承人年龄来实现非遗传承人年轻化的做法，很容易导致作为中华优秀传统文化基因的非物质文化遗产进入全面的西化。如传统剪纸、刺绣、年画的卡通化，民歌、舞蹈的西洋化。原因很简单，当代的年轻人接受的多半是西方教育，如果他们进入了传承人的行列，就会自然而然地用西方的审美来改造中国审美，使中国的非物质文化遗产"变色""走味"。当然，我们并不是说年轻人中就没有人喜欢传统、深谙传统，在调查中，我们也确实发现过不少的年轻人，愿意将非物质文化遗产原汁原味地传承下来。这正是非物质文化遗产传承人的遴选方向。

其实，作为非物质文化遗产传承人在年龄指标的设定上是有规律可寻的。但要想做到手艺精通、文化底蕴深厚，并在某一领域具有广泛的影响力，没有半百的年龄是很难胜任的。故而多国都把非物质文化遗产传承人的年龄限制在50岁以上，以确保具有丰富知识与经验的老把式、老艺人进入非物质文化遗产传承人名录。当然，不同行业的传承人在年龄的限定上也应该有所不同。如传统民歌、曲艺、戏曲、武术等表演艺术类遗产的传承人年龄可以适当放宽，以符合这类遗产的传承规律。那些确有能力，但又需进一步学习的年轻传承人，则可暂定为候补传承人，以确保非物质文化遗产的有序传承。

对于那些已进入非遗传承人名录而又年龄偏低者，政府有义务督促其尽快掌握应有技艺或技能。长期未能达标者，各级政府有权责令主管单位遴选出新的项目传承人，以确保非遗项目的有序传承。

十二　为什么不能为非物质文化遗产制定标准？

近期，山西省左权县因举办民歌艺术节而受到社会各界的广泛关注。要知道，这已经是左权县举办的第二届民歌艺术节了。对于他们的善举，媒体评价有嘉，百姓也好评如潮。但就在活动杀青之时，媒体传出的一则消息，引发了一场轩然大波。消息说当地方政府正在给左权民歌和左权小花戏制定地方标准，并试图以此促进非遗保护事业的健康发展。有人欢喜，有人忧，但更多的人似乎有点蒙——这到底是好事，还是坏事？连山歌小戏都用上了工业标准，这山歌小戏以后还怎么唱？作为非遗保护工作者，对此我们是坚决反对的。

首先，我们应该弄明白一个最基本的事实：无论是民歌，还是小戏，说到底都是艺术。艺术的最大特点是它们的独特性。一方水土养一方人，因自然环境与人文环境的不同，各地的山歌、小戏，都会呈现出明显的差异。就是在同一个地方，人们也会因传承渠道的不同，而呈现出明显的差异。如果我们真的为它们制定了严格的演唱标准，大家就会向标准看齐，其结果必然是千人一腔、万人一面。还有，即或就是制定一个县域标准，标准设定也会影响到地域文化的独特性和人类文化的多样性——标准设在李庄，就会影响到王庄文化的独特性；标准设在王庄，又会影响到李庄文化的独特性。总之，从艺术生成规律看，这种违反艺术规律的做法，无论如何都是不足取的。

其次，据说这个标准是以更好地保护当地之非物质文化遗产的名义出台的。在这里，我们想问的是，我们保护非遗的目的到底是什么？是保护地域文化的独特性，并以此为抓手，最终实现对人类文化多样性的保护。如果我们真的发布了这样一个标准，那么，每个歌手、每个演员的特性必然会因"标准"的制定而受到严格限制，其结果自然也就破坏了地域文化的独特性，而人类文化的多样性也会因此而不保。这对于以保护人类文化多样性为己任的非物质文化遗产保护运动来说，无疑是自毁长城。

如果这种现象只是偶发，我们大可不必为此焦虑。问题是我们的许多地方政府，已经习惯于用工业化管理模式为当地文化制定标准。比如，前些年山东某地要给馒头制定标准，河南某地要给烩面制定标准。我们想不明白的是，为什么老百姓连做个馒头也需要由政府出面制定标准？难道做得大点、小点，就不是馒头？难道只有发面的是馒头，烫面的就不是馒头？这种霸道的做法如果任其发展下去，人人喜爱的上海小馒头、甘肃庄浪四斤一个的大馒头，即或再好吃，恐怕也无生存下去的理由！因为这不符合"标准"！

与馒头相比，文学艺术创作似乎更无"标准"可言。谁能告诉我,为什么五万字的可以叫小说,五百字的就不能叫小说?一段折子戏,为什么唱30分钟叫唱戏,演员一高兴,激昂澎湃地唱了35分钟,就不能叫唱戏?中国近代史上的四大名旦之所以比肩齐名,各展芳华,还不是因为他们在表演艺术上各有千秋?如果都标准化了,同质化了,世界上还会有四大名旦吗?再拿佛像雕刻艺术来说,早在《佛像造像经》标准制定之前,中国的佛造像,或温柔,或庄重,或典雅,或安静,可谓多姿多彩,引发无限遐想。但自从《佛像造像经》一出,许多佛造像立马变成了"千佛一面",风姿不再。

但即或如此,许多官员对"标准"的制定仍乐此不疲。原因很简单:大家都想在任上"建功立业",并成为官场的规则制定者。但我不知道这些官员考虑过没有,在你制定规则、制定标准的过程中,你是否考虑过对于人类文化多样性的保护?!

要想避免类似问题的发生,我们首先应该树立起正确的遗产保护意识,千万不能做外行管理内行的傻事。还有,非物质文化遗产是全人类的共同财富,大家都有权参与保护,但这种保护必须是极专业性的。人们至今也不明白中国船级社质量认证公司有什么权力,有什么资格可以为左权民歌、左权小花戏的演出演唱制定标准?希望这种外行管理内行的傻事永远不再重演。

十三　传承人到底能不能进行"商业化经营"？

传承人能不能进行"商业化经营"？这需要具体问题具体分析。在非物质文化遗产保护运动兴起之初，非物质文化遗产能否进行"商业化经营"确实存在不小的争论。有人认为非物质文化遗产没有进行商业化经营的时候，非物质文化遗产基本上是原汁原味的，但一旦进行商业化经营，就容易"变色""走味"。譬如，少数民族地区的民间歌舞往往会因为旅游开发而失去原有的真实性。也有人认为非物质文化遗产是可以进行商业化经营的。道理很简单，原来传承人是凭借着非物质文化遗产养家糊口，我们有什么理由不让人家再借此养家糊口呢？各说各的理。经过一段时间的研究，我注意到双方说的都有道理，但他们只注意到了自己所关注的非遗，而没有关注到别人所关注的另类非遗。

其实，从能否进行"商业化经营"这个角度看问题，非物质文化遗产大致可分为"可以进行商业化经营"的非遗和"不可以进行商业化经营"两个大类。譬如，绝大多数的传统手工技艺、传统工艺美术、传统中医药以及舞台表演艺术，都是可以"走市场"，并通过"走市场"让这类遗产传承至今。历史上这类项目之所以具有旺盛的生命力，原因即在于凭借着它能够养家糊口，从而获得世代交替。相反，有些非物质文化遗产项目是不能进行商业经营的。如民俗活动中的祭祀、民间故事的讲述都无法进行商业化经营。我的结论是要尊重非物质文化遗产传承的客观规律——历史上"走市场"的继续"走市场"，历史上"不走市场"的"不要走市场"，而介乎于两者之间的，要"谨慎走市场"。只要这样做，通常都不会出现太大的问题。当然，话说回来，在商品社会中，毕竟还有相当多的人是以营利为目的的，很少会考虑到非物质文化遗产本身的真实性问题。而过分强调商业利益，就很容易对非物质文化遗产原真性造成不必要的伤害。如为迎合市场需求，人们会将一些节目改造得面目全非；为迎合市场需求，一些传承人也离开故土、远走他乡，并最终导致本土文化的断流。可以说，如果仅仅从经济学视角看非遗，把非遗当成地方经济的"摇钱树"，后果相当严重。

十四 为什么传承人不能进行"产业化开发"?

什么是非遗的"产业化开发"?我们所说的非遗"产业化开发",是指选取某种非物质文化遗产制成品为素材,并对其实施的成规模的大机械化生产。

非物质文化遗产到底能不能实施产业化开发?答案是肯定的。譬如,开发商完全可以使用大机械化生产的方式生产些蜡染床单、刺绣被套,完全可以利用现代传媒技术将古老的传说故事改编成电影、电视。中国对于非物质文化遗产的产业化开发不是太多,而是太少,今后还会有相当长的一段路要走。但问题是非物质文化遗产是以传承传统手工技艺为己任的,如果传承人将作为非遗产业化"标配"的大机械化生产引入非遗传承体系,传统手工技艺就会在产业化过程中迅速瓦解。所以,传承人在非遗传承过程中切不可引入大机械化生产。对于传承人而言,产业化开发就是自掘坟墓。因为它所带来的不是传统手工技艺的复兴,而是传统手工技艺的死亡。现在我们的经济学家和地方领导之所以在非遗传承过程中强调大机械化生产,目的就是通过提高产值,增加地方收入,而传统手工技艺能否传承下来,根本不在他们考虑之列。而这种做法对非遗原真性影响最大。非遗产业化开发经济效益再大,也不应成为中国非遗保护的主战场。非遗产业化开发利润空间再大,也不应成为非遗传承的新任务。

当然,我们反对传承人对所传非物质文化遗产实施产业化经营,并不意味着别人——传承人以外的任何人,开发商、文化创意工作者——不可以以非遗为素材,对非遗实施产业化经营。如将苗绣图案做成高端壁纸,将苗族史诗改编成电影电视,都是不错的选择。

十五　中国的"工匠精神"为什么会步入濒危?

随着大工业时代的到来,传统农耕时代红极一时的匠人们一落千丈,导致我国许多传统手工技艺大量流失,而匠人身上那种似乎是与生俱来的"匠人精神"也渐被世人甚至是工匠们所遗忘。在一次全国手工艺精品展上,我遇到了一位做油纸伞的匠人。两人非常投缘。临别,他一定要送我一把油纸伞。我推之再三,他还是一定要送。最后我问他:"你知道我为什么不要吗?因为你做得还不够好。作为一名已经颇有名气的传承人,你的成就不在于比谁多做了多少,而在于你在品质上一定要做到全国第一。你看看,你这油纸伞连刷上的大漆都还疙疙瘩瘩,怎能证明你是中国油纸伞的第一人呢?"当然,我说出这番话只是想激激他,让他知道自己问题之所在。但我想说的另一层含义是类似情况在中国还相当普遍。日本是最早发起非物质文化遗产保护运动的国家。这一点也许与他们重视本民族传统手工技艺有关。在日本,非物质文化遗产传承人又被称为"人间国宝",其地位之高,是不难想象的。但是,即或是这样一群人,他们在被评为"人间国宝"后,也仍能一如既往,在山里一座充满鸟语花香的小院里,安安静静地干他自己的事,做他自己的活。在日本,没有哪位传承人会以量取胜。他们的目标就是以精益求精的态度做好每一件器物，做好每一个细节。两年前，一个朋友兴冲冲打电话给我，说自己收到了一件"宝贝"。原来，年前她去了趟日本，拜访了一位日本国家级传承人，并从他那里花了34万的天价，买到一把金壶。我问她这把壶的料大概能值多少钱？她想了想说：大概也就是四五万吧。显然，剩下的便是工钱。"值么？"我追问了一句。她无比得意地告诉我："当然。我敢说这是世界上做工最好的一把壶。"这就是日本匠人，无论做什么，都是那么的走心，都是那么的精益求精、那么的追求完美。反观中国，只要一评上传承人，无论是国家级，还是省级市级，人们第一个习惯性动作，便是筹办公司，做"大"做"强"。而一旦当上董事长，他们的工作重心便会发生明显偏移，管理企业，采购原料，销售产品替代了他们原有的所有传承。从表面看，公司的建立似乎扩大了传承群体，但从本质上看，传承人的最高技艺非但没有传承下来，反而被束之高阁。

在中国，缺少"工匠精神"的原因主要有二：一是"学而优则仕"的传统评价体系作祟。当官，是成功者的唯一标志。表现在行业领域，便是一旦成功，必须加冠封爵，即便别人不封，自己也一定要对得起自己，给自己封上个"董事长"之类的头衔。二是错误的商业评价标准作祟。当代中国，人均生活水平还不是很高。在这个时候，如果匠人一定要把

GDP作为衡量自己能力的标准,最终只能以量取胜。中国人的"工匠精神"就是在这样一种文化与经济背景下,逐渐消失殆尽的。

十六 为什么传承人过度年轻化会带来非常严重的后果？

作为一项非物质文化遗产项目，它的内涵是相当广泛的。如果我们只注重传承人的技艺与技能，忽略了传承人对该行业所具有的行规、行业道德、行业历史沿革等相关知识的全面把握，我们所传承的非物质文化遗产就会变得越来越浅薄，从而也就失去了保护非物质文化遗产的真正意义。因此，在传承人的选拔上，我们建议要从整体上评估非物质文化遗产传承人的能力，并将掌握该遗产多少文化内涵，视为非物质文化遗产传承人选拔过程中的重要标准，而不是将表演技能与传统技艺作为我们选拔传承人的唯一标准。通常，非物质文化遗产传承人的年龄至少应控制在45岁左右。在调查中，我们发现，传承人年龄偏低的一个致命后果是他们过于强调创新，反倒对非物质文化遗产的全方位传承漫不经心，甚至用西方的审美随意改造中华传统。这种做法的最直接的后果，就是让中华文明的优秀基因快速消失。

十七　我们的传承工作真的已经做得很好了吗？

还有一种人，他们并不反对传承人的继承，但在他们看来，传承人的传承已经做得很好，接下来的工作就不应囿于没完没了的继承，而是应把工作重点从"传承"转向"创新"。这种观点初听起来似乎有几分道理，因为在非物质文化遗产评选过程中，确实存在着某些项目科技含量过低，一学就会，害得传承人不知再干些什么。但与这些项目相比，我们还有许多非常优秀的遗产项目存在着其优秀传统远没有被继承下来，甚至几近失传的问题。如历史上的宣纸寿命可达千年，但一些厂家为节省原料自然漂白的时间与成本，使用了大量的化学漂白试剂，使得当下的许多宣纸寿命只有几百年甚至几十年；历史上作为皇宫御用品的金砖本可使用几百年，而现在制作出来的金砖通常只能使用几十年；历史上我们祖先创造的榫卯结构多达200多种，而现在仍在使用的也不过只有不到20种；历史上随随便便的一个草台班子就可以唱上二三百出皮影戏，而现在一个国家级皮影班子至多也就只能唱上几十出。就凭这些信手拈来的例子，能说我们的传承人已经继承得差不多了吗？老实说，我们老祖宗创造出来的许许多多传统技艺，我们还远没有继承下来，我们传承下来的优秀遗产远没有达到炉火纯青、精益求精的程度。相反，被日本称之为"人间国宝"的传承人们，在短短的60年里，他们不但将许多几近失传的古老技艺恢复了出来，而且每件作品几乎都能做到精益求精，令人爱不释手。这就是差距。对于许多非物质文化遗产项目而言，不要轻言已经继承太多，事实上我们所继承的，离传统相去甚远，我们对传统的理解还非常肤浅。

十八 为什么说传承人可以创新,但所创之"新"并不是非遗?

我们强调"传承",但这并不意味着非物质文化遗产传承人不能有一丝一毫的创新。其实,我们要求传承人保持"原汁原味",只是要求他们在表现内容、表现形式、使用原料上保持不变,至于其他方面的变化与自由发挥,并不在我们禁止之列。这种自由发挥的空间,事实上是非常大的。另外,作为传承人,如果在继承传统之余,搞些新的创造,我们既不会干涉,也不会反对。但有两点,传承人必须明确:一、作为传承人,一定要清楚自己的本职工作是传承而不是创新,不要喧宾夺主,忘记自己的责任和义务;二、一定要将"传统"与自己的"创新"区分开来,并如实告之哪些使用了传统原料、传统工艺,哪些表现的是传统内容,哪些没有使用传统原料与传统工艺,哪些表现的不是传统内容。将基因纯正的"真非遗"与经过改造的"文创产品"区分开来,并如实告知社会,同样是传承人应尽的责任和义务。

十九 非物质文化遗产被一改再改的原因何在？

非物质文化遗产项目被人为改造，有些处于传承人的主观意愿。例如，在一些传承人看来，某些传统表演艺术或是传统手工技艺已经"土得掉渣"，为了让它们能变得更好看、更时尚、更吸引眼球，或是为了挣到更多的钱，人们会主动出击对传统施以改造，或是干脆放弃传统，改学更好看、更时髦、更吸引眼球的东西。说到底，对传统手艺实施改造的最大动因，说白了，是利益驱动。譬如，某些宣纸厂家为了节省成本，增加利润，不惜加入大量化学漂白剂以省去自然漂白这道最重要的工序，不但给周边环境带来巨大污染，同时也因化学漂白剂的大量使用而破坏了纸的纤维，使原本可以"寿千年"的宣纸寿命大大缩短。但相比于传承人的改造，更多的是受了错误的非遗保护理念的影响。如一些剪纸传承人放弃传统剪纸，改学"一点透视"的剪纸画，一些泥塑艺人放弃传统泥人泥狗，改学西洋雕塑，一些民歌手放弃传统唱法改学美声唱法，都是非常典型的例子。总之，从以上的分析中，我们不难看出，导致非物质文化遗产原有基因发生蜕变的原因是多方面的，但危害最大的还不是传承人对非遗项目的刻意改造，而是来自各级政府、学术界有组织、有计划的系统干预。诸如许多传统表演艺术、传统工艺美术在传承中，以"创新"的名义出现的西化、舞台化、娱乐化、时尚化的改造，绝大多数都与政府出面组织的各种各样的"创新"有关。当然，如果我们深入分析这些错误做法的原委，就会发现问题还是出在了各级政府保护理念的错误。这种做法如果任其发展下去，莫说百年，就是十年，也很难说中国还会有什么真正的非遗。

与一般的文化产业不同，非物质文化遗产保护工作者的历史使命是保护最纯正的中华民族文化基因，要想做到这一点，就必须对非物质文化遗产实施原汁原味的保护。反之，如果我们对其实施各种各样的改造，哪怕是以"创新"为名的改造，都会破坏中华民族文化基因的纯正性，都会给以建立纯正中华民族文化基因库的非物质文化遗产保护工程带来灾难性破坏。因为我们评价非物质文化遗产的标准不是"美不美""贵不贵"，而是"真不真"。保护非物质文化遗产的真正目的不是保护我们当代人的智慧，而是祖先智慧；保护的不是我们当代人的审美，而是祖先审美。用我们当代人的审美，去改造非物质文化遗产所孕育的传统审美，这本身就是对非物质文化遗产真实性的破坏。所以，文物不能改，非遗当然也不能改，只要不改，便有价值，毕竟，作为历史上产生的非物质文化遗产，其最大价值莫过于它的历史认识价值。

二十 为什么说传承人不能以创新的名义
向后代提供"假情报"？

我们对非物质文化遗产这一传统文化资源的唯一要求就是"真"。只有这样，我们才能知道历史到底是个什么样子，祖先的智慧到底是个什么样子，祖先的审美到底是个什么样子，只有这样，非物质文化遗产才能为我们的文化创新、艺术创新、科学创新和技术创新提供最为可靠的参考。为确保所传遗产的真实性，传承人在传承过程中必须确保传承项目不走样、不变味，必须确保所传项目文化基因的纯正性。如果传承人在传承过程中，对原有项目施加改造，原有的"纯正基因"就会变成"转基因"，保护也就失去了其应有的意义。

从理论上说，尽管非物质文化遗产是以"现在进行时"的形式活在当下，但从本质上说，它仍是"文物"。文物不能改，非物质文化遗产当然也不能改。如果我们把客家山歌改成流行歌曲，将红木家具制作技艺中的榫卯结构改成螺丝上扣，我们就无法从这些"转基因"的非遗项目中，认识祖先的历史、借鉴祖先的文明。我们强调原汁原味，并不是发思古之幽情，而是因为非物质文化遗产确实为我们保留下非常丰厚、非常优秀的传统文化基因。借鉴这些传统,不但可以使我们的创新更加中国,同时还可以使我们的创新因为站在了巨人的肩膀之上而变得更加容易、更加轻松。

二十一　为什么说政府等非遗保护主体不能取代传承主体？

在非物质文化遗产保护这个问题上，历来存在着"非物质文化遗产传承主体"与"非物质文化遗产保护主体"这样两大群体。

所谓"非物质文化遗产传承主体"，就是指专门负责某遗产传承工作的具体传承人、传承团体或传承群体。按一般规律，非物质文化遗产传承主体，通常都是由具有某种独特技艺或技能的某个个体（艺人、匠人歌手或巫师），或是某个团体（某个戏班或是某个需要由数人才能传承的团队）、群体（通常是某个庙会活动的所有参与者——众多的民间社火组织）组成。非物质文化遗产的传承活动通常都是由这些个体、团体或是群体来完成的。

所谓"非物质文化遗产保护主体"，则是指为保护某种遗产，而千方百计利用自己的行政优势、学术优势或是资本优势，去鼓励、推动、扶持、帮助当地民间社会以实现非物质文化遗产自主传承的各级政府部门、学术团体以及各类商业组织等。这些组织尽管并不直接参与非物质文化遗产的活态传承，但在一个国家传统文化面临失传的今天，他们的作用仍十分重要。中国非物质文化遗产保护工作在近年来之所以取得如此成就,是与非物质文化遗产保护主体的积极努力分不开的。但是,如果非物质文化遗产保护主体借助自己的强势地位,反客为主,越俎代庖,取代传承人原有位置,非物质文化遗产就很容易因政府、学界、商界的不当介入,而被改造得面目全非。但令人遗憾的是,在现实生活中,人们似乎并没有意识到这一点,有些人甚至认为既然两者都是为传承、保护非物质文化遗产而生,就应该将它们合并为一个整体,以增强非物质文化遗产保护队伍的凝聚力与战斗力。

这种不分青红皂白、缺乏社会分工意识的做法,事实上已经从制度层面,为政府干预非物质文化遗产的自主传承埋下了隐患。一些尚不知晓非物质文化遗产为何物的政府部门,也开始了对民间传统的大肆改造。他们将泥人改成芭比娃娃,将藏族舞蹈改成西洋舞蹈,将剪纸改成卡通画,改编改造的结果,就是用自己所熟悉的强势文化——汉文化、西方文化,去改造那些已经处于濒危状态、弱势状态的民间文化。历史将会证明:加大对非物质文化遗产的扶持力度,减少对非物质文化遗产自主传承的干预,将是所有政府的一项明智选择。

二十二 为什么要让庙会"还俗"民间？

"庙会",顾名思义就是因在庙中祭祀而产生的集会。祭祀是庙会活动最核心的功能。有了它,庙会就有灵魂;没了它,庙会就没有灵魂。由于每个庙会所祭神灵不同,各种庙会活动也会呈现出很大的不同。现在中国许多大城市的新春庙会之所以会出现前所未有的"同质化"现象,是因为这些庙会根本就没有庙,即或有庙,也多半没有了当初的神灵。这种产生于商品社会中的庙会,一旦没了"灵魂",结果就会变成一座大卖场。因为聪明的商家从这纷纷攘攘的人群中已经闻到了钱的味道。

在传统庙会的恢复中,我们之所以强调民间事民间办,一是为地方政府减少压力。历史上,许多地方对传统庙会是有争议的。有的地方一谈到庙会,就会想到封建迷信,其实这是完全错误的。实践已经证明,这些传统庙会,非但不会阻碍社会发展,反倒还会为社会的安定、人际关系的和谐、社会秩序的稳定以及公序良俗的建设起到积极的推动作用。不仅如此,作为民间优秀文化的重要载体,传统庙会还会在弘扬一个民族传统表演艺术、装饰艺术、饮食文化、服饰文化的过程中,在促进一个地方经贸交流的过程中发挥重要作用。反之，一旦政府介入，很容易将传统庙会变成一个彻头彻尾的政府大会，游神赛会等与传统仪式活动也因错误的认知而被束之高阁。所以，坚持"民间事民间办"，更容易保持传统庙会的原有味道。

我们强调政府不要过多介入，不等于政府无事可做。如有关传统庙会的宣传、推广工作，庙会期间的治安交通管理工作以及庙会活动之后的表彰评比，等等，都需要通过当地政府的力量来完成。

二十三　传统节日仪式类遗产到底有没有传承人？

社会上有一种说法，说有些非物质文化遗产有传承人，有些没有传承人，譬如节日仪式类遗产就没有传承人。事实果真如此吗？这显然是一种误解。

非物质文化遗产是指人类在历史上创造并以活态形式传承至今的传统文化事项，人是它的基本载体。没有人的参与，就不可能以活态形式传承到现在。

那么，为什么在某些人的眼中，传统节日仪式会没有传承人呢？

在非物质文化遗产中，个体传承项目与团体传承项目的传承人是比较容易辨识的。人们很容易指出这些项目的传承人是谁。但由动辄几万、几十万甚至几百万人传承的群体性传承项目——如大型仪式、庙会活动甚至大型传统节庆活动参与人数众多，粗看起来似乎还真的很难分辨出哪些是传承人，哪些不是传承人。于是便认为传统仪式、传统庙会、传统节日类遗产是没有传承人的。

其实，作为群体传承型项目，这类仪式活动，从场面上看，似乎真的混乱无序、杂乱无章，但深入内部，你会发现，实际上他们是有着严格的社会分工的。

那么，这人山人海的传统庙会活动、传统节庆活动到底是由谁来组织，谁来运作，谁来管理，谁来担纲的呢？通常，这类大型庙会活动都是由总会首负责担纲的。由于这类活动规模宏大，时间集中，为解决人手不足的问题，总会首下还要分设几位分会的会首，分别负责庙会活动中演出、秩序、交通、后勤保障等工作。这些由总会首、分会首、各花会领队以及各路演员组成的进香队伍，都可称之为该庙会活动的非物质文化遗产传承人。所以，节庆庙会类遗产不是没有传承人，而是因为有了太多的传承人，以致人们无法准确地说出谁是传承人了。也许正是因为这个缘故，便产生了传统节日仪式类遗产没有传承人的说法。

由于管理困难，在申报这类遗产时，当地政府都会在这一传承群体中，选出一位代表负责与政府接洽。为避免误会，这位代表通常并不叫"代表性传承人"，而是叫"联络人"。"联络人"这个名字似乎也在暗示人们，该项目不属于该人所有，而属于该项目的所有参与者。"联络人"的责任只是负责与政府联络，并没有任何的特权。一旦有了"好处"，也不会归他本人所有，而是属于该项目的所有参与者，至于这笔钱是用于租车，还是用于餐饮，完全由该理事会决定。民间社火组织都有着良好的自治传统，由会上管理，通常都不会出现太大问题。

二十四 博物馆式保护在非遗保护中到底占有什么位置？

有人说，既然非物质文化遗产迟早有一天要消亡，那么保护它的最好办法，当然就是将它们送进博物馆。于是，很多地方放弃了活态传承，一门心思筹建非物质文化遗产博物馆，并认为这应该是非物质文化遗产保护手段中的首选。到底该不该建非物质文化遗产博物馆？这种馆藏式保护又会给非物质文化遗产保护带来哪些问题呢？

从理论上说，非物质文化遗产尽管重在保护那些"看不见""摸不着"，甚至是很难展示的传统知识、技艺、经验或技能，但是，由于"物质文化遗产"与"非物质文化遗产"并不是截然不同的两种事物，而是一个事物的两个方面，因此，我们完全可以通过展示传统技艺"制成品"的方式，来展现那些"看不见""摸不着"的传统工艺技术、技能与经验。但必须注意的是，博物馆馆藏式保护如果处理不当，也会给非物质文化遗产的保护与传承带来很多问题。这些问题包括：

首先，博物馆展示的只能是非物质文化遗产的"制成品"，而不是作为非物质文化遗产本身的传统技术与技艺，更不是这些传统工艺技术与技艺的所有流程。这对于急于保护传统工艺技术与技艺的我们来说，这种保护至多只是保护了非物质文化遗产的"制成品"或是"工具"，而没有保护到非物质文化遗产——传统技术与技艺自身，所以在非物质文化遗产保护上，它至多只能起到一个"辅助保护"的作用，无法完全承担起保护非物质文化遗产的重任。

原因很简单，就博物馆的功能而言，它所擅长的是固态保存而非活态传承。譬如，作为一门综合性很强的皮影表演艺术，在现实生活中，它是集表演、对白、演唱以及乐器伴奏于一身的。如果我们将皮影搜集起来统统放进博物馆，除了一幅幅皮影影人得以保护外，皮影的表演艺术还有吗？皮影的说唱艺术还有吗？皮影的伴奏艺术还有吗？都没有了。也就是说，那些与活态传承的非物质文化遗产元素都没有了。这还是保护吗？显然不是。如果我们过度强调博物馆式保护，甚至将博物馆式保护作为非遗保护的唯一模式，这些鲜活的非物质文化遗产就会因为我们的"热爱"，被推向不归路。皮影艺术是这样，木偶艺术、民间说唱艺术、民间戏曲艺术也都是这样。——总之，一味用博物馆式的保护来取代活态传承，就等于我们将一只只活生生的鸭子送进冰箱，鸭子是保护下来了，但等待它们的却是死亡。所以，我们在筹建博物馆，特别是搜集文物时，千万不能因为我们的好心收藏而断送了非物质文化遗产的鲜活生命。我们的搜集必须在不影响非物质文化遗产活态传承的基础上进行。

总之，博物馆是保存非物质文化遗产（更准确地说是保存非物质文化遗产制成品及其工具）的重要手段，但不是最重要的手段，更不是唯一手段。如果我们对这种保存模式评价过高，或是干脆将其视为保护非物质文化遗产的唯一法宝，以活态传承为基本特征的非物质文化遗产，就会因为我们的博物馆式保护而加速其灭亡。

那么，是不是我们就不能建立非物质文化遗产博物馆呢？当然不是。其实，我们并不反对建设非物质文化遗产博物馆，也不否认博物馆式的保护是展示、传承、传播非物质文化遗产一种行之有效的重要手段。早在2002年10月，笔者在给当时的文化部做"中国非物质文化遗产保护工程总体规划"时，就已经提到了建立中国非物质文化遗产博物馆的问题。认为建立非物质文化遗产博物馆"一来可以解决我们这个投资数十亿元，持续20年之重大工程的成果存放问题，同时也可为展示中华民族丰富多彩的民族文化提供一个重要窗口"。我们只是说，作为活态遗产的保护者，我们一定要清醒地意识到博物馆式保护，只能作为传承非物质文化遗产的重要补充，但不应成为我国非物质文化遗产保护工作的最主要模式，更不是唯一模式。

二十五　为什么说保护传承人是保护非物质文化遗产？

　　非物质文化遗产与物质文化遗产不同，物质文化遗产需要保护的就是物质文化遗产本身，由于它"看得见""摸得着"，保护起来相对容易。但作为知识类、技能类、经验类的非物质文化遗产，由于是以"看不见""摸不着"的形式存在于人类社会中的，就是想保护，也很难找到"抓手"，所以保护起来难度很大。但是如果我们换个思路，保护非遗似乎也并不那么难——尽管非物质文化遗产"看不见""摸不着"，但作为经验，它毕竟存在于传承人的头脑中，如果我们保护好"传承人"，不就等于保护好了非物质文化遗产吗？于是，我们首次提出了"以人为本原则"，强调了保护传承人的重要性。事实上也是这样，无论是日本，还是韩国，人们对非物质文化遗产的保护，都是从保护非物质文化遗产传承人开始的。

二十六 为什么说非遗进校园无法取代原有的传承渠道？

拓宽传承渠道，将非物质文化遗产传承工作纳入当代主流教育，是近年来刚刚兴起的新事物。有人认为非物质文化遗产进校园是非遗传承的一个新渠道，学生也会通过非遗进校园，成为新一代非物质文化遗产传承人。其实，这些想法并不现实。

通过非遗进校园，确实可以让孩子们早早接触到中国传统，但客观地说，在课时量非常有限的背景下，要想在中小学培养出理想中的非物质文化遗产传承人并不现实。我们只能说，通过非遗进校园，一来可以推动非遗的传播，二来可以培养起孩子们对传统文化的兴趣，三来可以有意识地为非遗的未来培养出新一代种子选手。举例来说，京剧进校园不一定能培养出什么京剧传承人，但它却可以培养起学生们学习京剧的兴趣，并使学习京剧形成一种风气。在这种风气的影响下，孩子们就会主动买票去观看更多的剧目，京剧院也会因观众人数的增加，从根本上解决京剧传承难的问题。

非遗进校园有它不可磨灭的历史贡献，但即或如此，我们也应该承认，它们确实无法取代非物质文化遗产原有的传承渠道。因为与进校园相比,原有渠道的师徒传承更全面、更系统、更专业,也更符合非物质文化遗产传承规律。我们不能仅仅因为新渠道的开通,而否认原有渠道的重要性,更不能用新渠道取代原有渠道的传承。